16-II-13

ABASSO TUTTO

(anticipo de índice)

(1) En 2000, opiniosa, Occte triunfo indiscutible. Fin Hª en USA.
2001 desengaño. 2008/s crisis.
Situación real: en ruinas. Apariencias vs. realidad.
Hombre y entorno creído, no analizado mayoría

(2) Revisar entorno porque sin él no soy.
(aquí o abajo) → Ortega: Yo soy yo y MI circunstancia.

(A) ADJUNTO - [VALE TODA Pª ARGUMENTARIO (1) 11-II-13
Pero, para ir a parar en DOS TENDENCIAS
Rechazo a entorno material: Ciencia, Tecnica, Produccion ↗
Idem id humano: guerras, luchas, competencia etc
TODA LA HISTORIA para mejorar todos (mejorestas)

(3) Hombre rechaza permanente su circunstancia.
Animales, no. ¿Es hombre único.
YO y MI circunstancia. MI {Boli = Posesion / Universidad = Dependencia

CUESTION DE (MENTALIDAD COLECTIVA)

(B) NO ABASO ✡ [CABE HABLAR YA DE RAZON/FE - VERDA/CREENCIA
DEL ABASSO TUTTO 14/6-II-13 (Adjunto)

(C) (4) HOMBRE DIFERENTE Y UNICO
Justificación de H. ENDIOSADO EN
ARGUMENTARIO (2) 11-II-13

✡ (Interponer mi comentario. Con ✡ (B) de lineas arriba, tras el hombre endiosado).
(5) Yo soy pensante. No puedo creer (C). Otra representación del Mundo y del Hombre (como sabios griegos no en disco plano)

(D) version del HOMBRE HUMANIZADO (adjunto)
en (D) de Argumentario (2) 11-II-13

(E) Resumen (algo redundante) En 13-II (Semitoleo)

Para Seguir: Hombre unico por el LENGUAJE

~~Seguir (dos)~~

Sala de espera

JOSÉ LUIS SAMPEDRO

Sala de espera

PLAZA & JANÉS

Primera edición: abril, 2014

Printed in Spain – Impreso en España

ISBN: 978-84-01-34305-6
Depósito legal: B-3225-2014

Compuesto en Anglofort, S. A.

Impreso en Egedsa
Sabadell (Barcelona)

L 3 4 3 0 5 6

Para Carmen Balcells y Ángel Lucía.

Con ellos seguimos siendo Cuatro

Índice

APÉNDICE

Apéndice I. Relato a Olga

Apéndice II. El rayo verde

Apéndice III. Revista literaria

Agradecimientos

Aunque todo libro es deudor de diversas circunstancias y personas, imposibles de enumerar en su totalidad, en este caso es obligado destacar la generosidad de los fotógrafos que desinteresadamente cedieron sus imágenes para este volumen: Daniel Mordzinski, Juan José Mardones, Fran Ferrer y Óscar M. Olivares.

Asimismo agradecemos a Amaya Delgado y a Mónica Lucas la valiosísima labor archivística en el vasto legado de José Luis Sampedro.

PRÓLOGO

SAMPEDRO ANTES Y DESPUÉS

«La muerte me lleva de la mano, pero se está portando bien porque me está dejando pensar», le dijo José Luis Sampedro a una buena amiga que se quedó un rato a su lado mientras yo me aseaba. Efectivamente, José Luis Sampedro estuvo pensando, leyendo, anotando y afanándose en escribir hasta el último suspiro.

La publicación de la obra inédita de cualquier autor, tras su muerte, nos obliga a una reflexión general y nos enfrenta inevitablemente a una contradicción. Por un lado, si el autor tuvo intención de publicarla, ¿por qué no lo hizo? Por otro, si la desechó, ¿por qué la conservó?

José Luis Sampedro delegó en mi persona decidir sobre ello. Como legataria y responsable de la difusión de su obra y pensamiento, al menos por ahora, dejaré aparcadas las obras inconclusas, iniciadas en un pasado remoto. Sólo me ocuparé de los inéditos de la última década de su vida, es decir, de aquellos de los que tengo seguridad y conocimiento directo acerca de sus intenciones, aquellos que comentamos juntos, aquellos de los que fui partícipe en su fase embrionaria y de los que me consta que sólo su fallecimiento impidió que vieran la luz.

Se trata básicamente de dos proyectos muy distintos, inconexos, pero con un denominador común: la entrega.

El primero, *Los ríos*; el segundo tuvo varios títulos posibles: *Con mis propios ojos, Sala de espera, Collar de cavilaciones.*

LA HISTORIA DE LOS RÍOS

José Luis Sampedro con frecuencia recurría al río como metáfora de la vida de una persona, tenía esa tendencia manriqueña de sentir la vida «como los ríos que van a dar a la mar».

Nos conocimos personalmente a orillas del río Jalón, a su paso por Alhama de Aragón, lugar al que volveríamos todos los años. Fue mirando ensimismado el cauce del Jalón como se le ocurrió un día la historia del río José Luis y el río Olga desembocando en el río MUSA. Me propuso escribir esa historia a modo de autobiografía compuesta. Empezamos, cada cual por su lado, a escribir retazos de nuestras vidas, de nuestros ríos respectivos. Lo hacíamos a hurtadillas, casi en secreto para preservar el efecto sorpresa cuando llegara el momento de juntarlos y desembocar en el río MUSA.

Pero el caudal de los ríos no siempre es constante ni su fluir es un continuo plácido. Sobrevino eso que llaman la «mala racha». Una sucesión de serios percances de salud propios y ajenos coincidiendo con el fallecimiento de seres cercanos vinieron a alterar el curso del MUSA y el proyecto quedó inconcluso. Posteriormente, en más de una ocasión lo hemos recordado, pero ya inmersos en otros trabajos, nunca encontramos el momento propicio para retomarlo.

Tras el fallecimiento de Sampedro, entre los muchos papeles, apuntes, notas y carpetas, he encontrado el nacimiento del río José Luis y, sinceramente, creo que sus lectores y admiradores merecen que comparta con ellos ese texto, incluido el borrador.

Olga Lucas

El río Olga llevaba mucho tiempo pasando una vez al año por la villa de Alhama de Aragón sin alterarse, hasta aquel 1997 en que su cauce acogió a otra corriente cuyas aguas empezaron allí a abrazarse con las suyas. Otro río vital, el mío propio, que llegaba fluyendo desde mucho antes, ya solitario y cansado, hacia la mar del morir, se encontró de repente ante otra inesperada vida en marcha. Y el Olga no necesitó imponerse ni el río José Luis asumirlo para que desde allí las dos corrientes, con asombro primero, pero pronto confiadas, fueran confundiéndose en una vía común. Al principio vacilaron en sinuosos meandros, parecieron detenerse pensativos en ambiguas lagunas y hasta hubieron de salvar espumeantes algunos desniveles, pero fueron descartando tales incertidumbres y se entregaron sin reservas a un fervoroso y único destino. El nuevo río se rebautizó a sí mismo con el nombre de MUSA: iniciales de «Minusválidos Unidos» (por las respectivas limitaciones físicas de nuestras aguas) y «Sin Aditivos». No formábamos sociedad anónima ninguna sino aventura integrada, pura y excluyente fusión sin adherencias ni dependencias.

El MUSA, por supuesto, es el resultado de los

dos ríos confluyentes y confundidos. Del Olga nada diré: es Olga misma quien viene presentando su curso hasta la junta en Alhama y quien continuará describiéndolo. También podría exponer el curso del José Luis de ahora, al que conoce ya muy bien y cada día mejor. Pero sólo sabe algo de ese curso en su recorrido anterior y nadie como yo mismo puede ofrecer esa historia, necesaria para conocer en su totalidad el MUSA y para que, así como yo recibo más de ella mediante su relato hasta Alhama, así también me entregue yo más a ella aportando mi historia hasta nuestro encuentro.

José Luis Sampedro

PRIMERA PARTE

LOS RÍOS

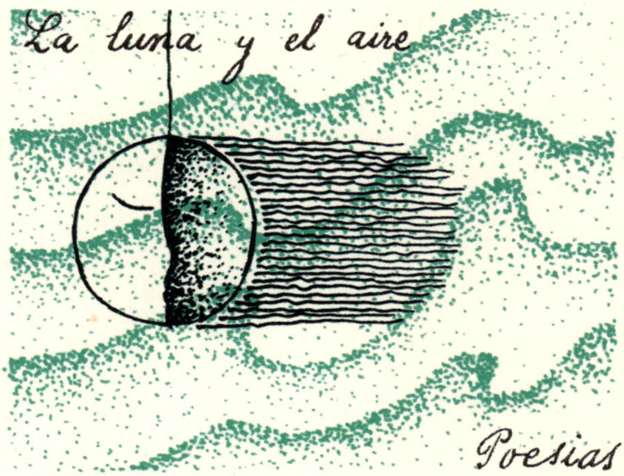

BORRADOR DE «EL RÍO JOSÉ LUIS»

Contaré los primeros ochenta años del río José Luis, que conozco como nadie, prescindiendo de detalles y ahondando, en cambio, en los momentos y sucesos más definitorios. Pero no se piense que me hago la ilusión de conocerme «de verdad» (cuidado con estas dos palabras). De cada sujeto hay tantas versiones como personas distintas le conozcan y esas versiones coincidirán sin duda en muchos aspectos, pero serán todas diferentes. También mi autorretrato es una interpretación de mí mismo aunque con una gran ventaja sobre todas las demás: que, no siendo «de verdad» la Verdad (tampoco lo es ninguna otra), sí es al menos, «Mi» verdad y, como tal, la que mejor me define y representa pues, no voy a regatear sinceridades.

Ese retrato, además, no lo improviso ahora. Toda mi vida he procurado no sólo observarme críticamente, sino tratar de hacerme quien soy: idea concebida espontáneamente en mi juventud y que luego descubrí ser una meta vital para los clásicos griegos. Mi empeño de siempre, ese acercarme a la estrella que soy y que no alcanzaré nunca, aunque desde mis veintitrés años ya me lo advirtió Rilke en cuatro versos de un poema suyo. Y si anticipo aquí estos signos es para declarar que la historia del río José Luis, ofrecida seguidamente, no será una puntillosa ilación de detalles sino una selección de momentos relevantes: algo así como el esqueleto del conjunto, más directamente revelador que la caracterización externa.

Los niños son esponjas incomparables, sobre todo en sus primeros años. Absorben todo, se forman y completan ya incluso en el vientre materno, como permiten observar las técnicas actuales. Ya entonces, me atrevo a pensar, inicia no su educación —actividad siempre dirigida por personas ajenas— pero sí su aprendizaje, que es tarea más personal, aunque utilice asistencia, progresando en su actividad tan pronto como nace. El contorno más inmediato —los padres, el rincón hogareño— es al principio decisivo, como en el nacimiento del río la disposición del terreno donde mana el diverso destino de correr hacia un mar o hacia otro, sólo por una ligera elevación desviante en la montaña. Pero, poco a poco el río avanza, el niño se afirma, tiene más movilidad, sensibilidad y pensamiento que la esponja. Va seleccionando: dentro de su entorno toma decisiones en las que se empeña o desiste, pareciendo caprichoso a los adultos. En suma, aprende a ser, a ejercer la libertad.

La libertad es una palabra que casi siempre demanda cualificaciones, a veces no expresadas. Hay libertad controlada, reprimida, condicionada, selectiva, simulada... rara vez integral. En mi recuerdo el río de mi infancia fluía apaciblemente dentro del cauce, por un terreno sin obstáculos. Las orillas no me impedían sentirme libre porque mi educación —y, simultáneamente mi aprendizaje— no fue imperiosa casi nunca. Yo fui educado, sobre todo, mediante los ejemplos percibidos y por mis vivencias de situaciones cotidianas o excepcionales, que me inducían a aceptar, rechazar, adaptar esas experiencias. Mi libertad podría cualificarse de imitativa, inducida o ilustrada (por los ejemplos, a modo de estampas didácticas), pero era libertad. Ésa era mi sensación mientras el río seguía creciendo, vida adelante, reflejando muy variables y estimulantes paisajes.

En mi casa, por supuesto, yo acataba la autoridad de los mayores sin ningún rozamiento, porque la ejercían con afecto y se me razonaban sus demandas. En el progresivo modelado de mi manera de ser mi asimilación espontánea de esos ejemplos y paisajes influía mucho más que los preceptos y advertencias escuchados a los adultos. El aprendizaje activo pesaba mas que la educación recibida y así aprendí sobre todo a aprender: ahora, en el final de mi vida, me sigo considerando un aprendiz de quien soy.

Mi familia, aparte de dos hermanos más pequeños que fueron apareciendo, eran mis padres y, durante algunos meses, mi abuela paterna. Pero además vivía permanentemente una criada y, seis días a la semana, un asistente adjudicado a mi padre (como capitán médico que era del tabor de la policía militar) y un muchacho sirviente que hacía recados y auxiliaba en la casa. Ambos, Absalam y Hamido, libraban los viernes, porque eran musulmanes y Salam —como solíamos llamarle— era incluso hadj, pues había ya cumplido su peregrinación a La Meca. Su religión no podía extrañarnos, pues vivíamos en Tánger.

El haber pasado mi infancia en Tánger ha sido para mí un inmenso regalo del destino, perenne en mis raíces y marcándome definitivamente. El carácter internacional de la ciudad y su gobierno por una administración mixta semiautónoma bajo la distante soberanía del sultán marroquí atraían a su territorio a gentes de los más diversos países. En la calle se oían distintos idiomas, se usaban monedas diferentes y se practicaban varias religiones en iglesias, mezquitas, sinagogas y otros lugares sacralizados. Prácticas y costumbres, banderas y días festivos, a veces con desfiles y procesiones que pasaban ante mi vista. Tantas maneras de vivir, tan naturalmente coexistentes me hacían sentirme como en un bosque encantado, donde cada cual se aparecía con sus verdades y hábitos respectivos, enseñándome a respetarlos y a comprenderlos hasta donde mis pocos años lo permitían. Vivía yo así en un mundo gratamente tolerante y permisivo. Por eso ahora me asombro cuando ciertos dogmáticos se alzan escandalizados contra lo que llaman «relativismo» y que no es otra cosa sino la biodiversidad: la fuerza multiforme de la vida. Aunque comprendo que así hablen quienes muestran bien poco aprecio por esta vida y la sacrifican a no sé cuál otra, llegando a aceptar, con el famoso personaje del poeta, que «el delito mayor del hombre es haber nacido». ¡Qué barbaridad!

La misma convivencia amistosa caracterizaba el mundo infantil y nuestros juegos en la calle y en el colegio. Eran juegos humanos, por supuesto, sin el menor atisbo de las máquinas, ingenios y consolas que ahora enganchan a los chicos, reemplazando el aprendizaje de las relaciones personales por la técnica en el manejo de máquinas. Éste es un gran tema y de hondas consecuencias: la diferencia entre aquella infancia y la actual, pero es para otra ocasión. Además, en mi caso, la diversión preferida fue la lectura, ya desde mis tres o cuatro años. Leía vorazmente, en cualquier momento, lo que encontraba y en mi casa favorecían esa afición, Mi padre elegía libros para mí; cuentos en su mayoría, pero también relatos históricos, divulgaciones científicas y hasta alguno formativo —en el más convencional sentido de la palabra—, como uno que no he olvidado: el titulado «Hace falta un muchacho», de Arturo Cuyás Armengol.

También la siguiente música me gustaba, frecuente en mi casa, aunque todavía ni la radio era doméstica ni pensaba nadie en televisión. Mi padre gustaba de evocar en su bandurria el olvidado repertorio de su tuna universitaria y mi abuela tocaba un piano que era además pianola, donde llegué a ofrecerme —gracias a sus rollos perforados— incluso valses de Chopin, dándole yo a los pedales y manejando los mandos de la intensidad y el ritmo.

Así fluía el río apaciblemente durante meses hasta que una mañana inaugural me despertaba por mi ventana un sol diferente, mágico, que enardecía las aguas y llevaba mi libertad y mi imaginación a las más altas cimas: era el sol del verano y de las vacaciones. Un clarín tocando a playa.

¡La Playa! Bien temprano, acompañado por Salam o Hamido, bajaba hasta el terraplén y recorría el paseo marítimo, en una peregrinación al paraíso. Al fin me detenía fascinado, dentro ya de otro planeta. Flanqueada entre unas dunas de la película *El ladrón de Bagdad* y un mar de *El Pirata Negro* (las dos por Douglas Fairbanks) arrancaba hacia la lejanía un ancho tapiz de arenas doradas, donde sólo una fila de casetas, pintadas en azul y blanco, delataba la irrupción humana en la pureza primigenia de un mundo nuevo, recién creado. Hasta los seres humanos parecían renovarse allí también: amistosos, ágiles, receptivos, sobre todo los chicos de mi edad, con los que la convivencia lúdica era inmediata.

La salina humedad del aire reinventaba mi respiración, la luz azul y oro aguzaba mi vista y después de los juegos, cuando ya me entregaba a solas a las ondas, la energía de la marea se apoderaba de mí, salvándome de la vida urbana y socializada. Culminaba el placer sostenido por la caricia líquida, bajo la claridad infinita. Me sentía vivir en ese presente absoluto, pleno de eternidad, que es el tiempo de la infancia; pura partícula de la inmutable vibración marina. Era estar en el Todo; ser dejando de ser.

Por supuesto que jamás formulé entonces todas estas reflexiones: ni siquiera las pensé. Pero las vivió mi sangre y las regó en mi memoria, donde perduran vivas. Me fue inculcado sin palabras que aquel mundo de infinito y eternidad era realmente sagrado hasta en sus menudencias, como los animálculos en las volutas de las algas varadas o la joya nacarada de las conchas vacías.

Tánger, para mi primera infancia, fue el manantial ideal para el arranque del río; el mejor semillero donde sembrar mi vida. Esa ciudad me enseñó para siempre que la Verdad es un árbol de muchas verdades, e inspiró a mi instinto mi primera elección vital: la lectura.

Tánger, «el manantial ideal para el arranque del río».

«El río llegó a la playa», acompañado por Absalam.

Con sus padres y sus hermanos.

El traje de comunión que
no gustó a Odette Hillman.

Conduciendo a la familia con Absalam.

Cihuela: «La libertad maniatada, la exigente austeridad y el orden establecido».

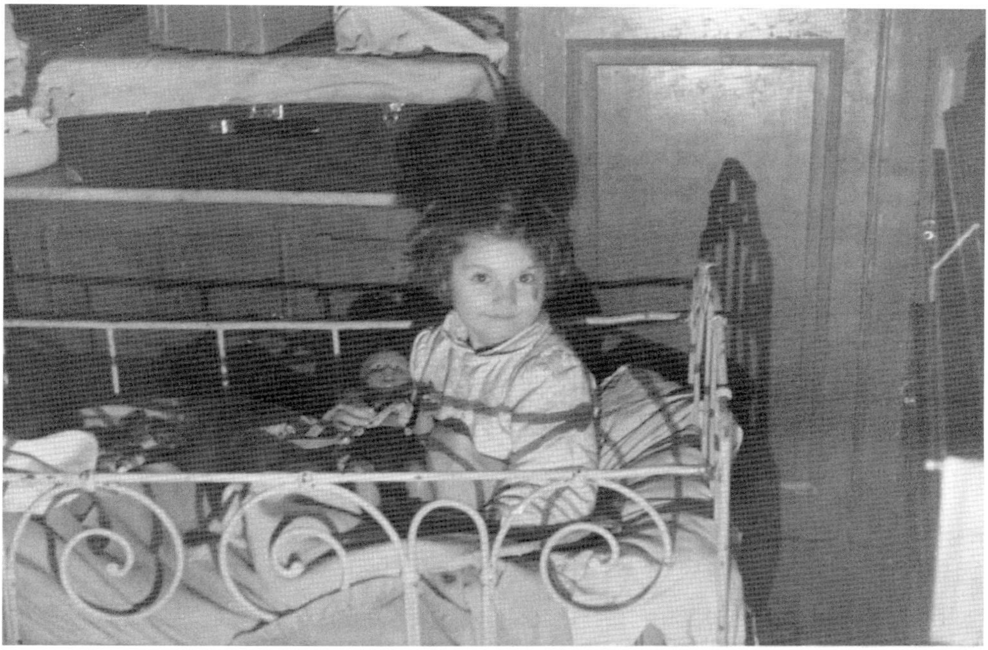

El río Olga en su primer tramo.

Con su madre y su hermano.

EL RÍO JOSÉ LUIS

El niño nace como el río. Emerge de lo profundo; una vida de carne, una vida de agua. Unas veces con violencia, con desgarro, como el agua se despeña brotando en la barrancada. Otras con esfuerzo, abriéndose paso por la carne, por la tierra. A menudo con natural empuje, manando del hondón como agua que rebosa y empieza a ocupar su lecho.

Ni el río ni el niño saben nada en ese primer momento intensísimo: un Big Bang para ellos porque ya empiezan a extenderse ahí las raíces de su vida entera. Un venero brota al pie de una cumbre, impulsando un arroyuelo. Si es la vertiente dorada por el sol mañanero el río acabará mucho después en un mar oriental, pero si es la ladera de poniente su inexorable destino le llevará al océano de Occidente. Así una mínima desviación en el origen llevará a recorrer tierras opuestas y a terminar donde ya decidió su origen.

El arroyo, con el tiempo, logrará nombre propio y empezará a tener historia. El niño sólo conocerá el lugar y detalles de su nacimiento por lo que le cuenten los testigos mucho tiempo después. Por ellos me consta ser un río nacido en Barcelona, bajo el imperio de Acuario, ochenta y nueve años antes de estar escribiendo este relato. Por supuesto que los niños, como los ríos, tienen una prehistoria: las aguas subterráneas gotean en cavidades, se deslizan sobre estratos de roca, serpentean por tierras permeables hasta salir a la luz. La carne germina en la carne, desarrolla en su seno crecientes complejidades, se organiza según sabe la ciencia, pero sin dejar rastro consciente, aunque en ese tiempo se determine nada menos que el sexo y se modelen otras tendencias y condiciones del ser en gestación.

Ni siquiera después de nacer, con carne propia ajena ya a la originaria y al parecer autónoma, somos capaces de empezar a crear el archivo de la memoria con lo que hacemos o nos ocurre. Sin embargo vamos aprendiendo a vivir sin darnos cuenta con una rapidez no superable después, vida adelante. El empleo de los sentidos, la coordinación muscular, la asimilación de novedades, el amueblamiento del cerebro, la asimilación de novedades y, sobre todo, la articulación del lenguaje —que nos hace al fin humanos— son hazañas de titanes, superadas por el niño sin la menor premeditación, como fluyen los ríos, adaptando el impulso al cauce circundante. Dentro del nacido se van así acumulando y organizando las vivencias por sí mismas. Hasta que, de pronto, un momento se alza diferente. Como cuando el río tropieza en un peñasco, algo sobresalta, se implanta, obliga a tomar conciencia. Uno de esos momentos se imprime indeleblemente. Quizás otros más importantes caen pronto en el olvido, pero ése no se borra, sin saberse por qué. Dura toda la vida: es nuestro primer recuerdo, nada menos. Sea o no importante por sí mismo, es para cada uno su primera referencia en el tiempo, su primer hito histórico en su viaje al futuro.

Mi vida tiene este comienzo: En el inmenso vacío de un gran patio, cercado por altas paredes, un niño en cuclillas se afana sobre la tierra. Viste un babero blanco rayado en azul y calza alpargatas. Yo le contemplo desde lo alto de dos escalones, en la puerta de acceso al patio. No me muevo: me sujeta de la mano un hombre barbudo. Le contemplo fascinado por el quehacer del niño, que escarba en el suelo con un palito y saca puñados de tierra, apilándolos al lado. Me asombra que mi guardián no impida la acción porque la tierra no se toca. Es sucia y tiene bichos dañinos. Mamá me ha reñido más de una vez en los paseos.

Yo no he cumplido aún los cuatro años. Aparte

del niño, de parecida edad, nada ni nadie se mueve: no hay nubes, no hace viento. Sólo el palito repetidamente hincado por la obsesión infantil. Eso sucedió en mil novecientos veinte y es mi primer recuerdo: con él empieza mi vida, la vivida por mí.

He recordado mucho esa estampa y siempre con la misma nitidez; preguntándome por qué se grabó en mí tan hondamente. Seguro que no era el primer niño ante mis ojos y que incluso había estado ya con otros. Seguro que hasta había jugado yo con tierra alguna vez, antes de que se dieran cuenta y me corrigieran. Entonces ¿por qué?

Mi explicación está en la circunstancia. Con datos obtenidos luego, describo del todo la situación consignando que aquel día mi padre me había llevado a ver el Colegio del Sagrado Corazón, el mejor de Tánger en español, al que me llevarían a diario cuando empezase el curso. Lo regentaban frailes franciscanos que consultaban como médico a mi padre y que le habían animado a confiarles mis estudios, aunque a mi madre le parecía demasiado pronto. Yo entonces ya leía y me atraía progresar en ello, pero estaba en ascuas. ¿Qué era eso de un colegio? ¿Qué me esperaba allí? ¿Por qué perder durante horas la seguridad y el mimo de mi casa? La resistencia percibida en mi madre agravaba mi inquietud.

La visita al colegio empezó mal, por los largos pasillos, las aulas sombrías, el aspecto despoblado a causa de las vacaciones. Y, sobre todo, los dos hombres que nos recibieron: afables, intencionadamente cariñosos conmigo, pero vestidos con ásperas túnicas pardas, ceñidas por un grueso cordón blanco que les caía formando nudos hasta el suelo y desnudos los pies en las sandalias. Cuando uno de los hombres me separó de mi padre para llevarme a ver el recreo, su larga y enmarañada barba gris me pareció ominosa. Me sentí acorralado. ¿Dónde estaba mi padre? ¿Por qué me abandonaba? ¿Qué iba ser de mí?

De repente, la sorpresa. Mi guardián abrió la

puerta y, sobre los dos escalones, respiré hondo, emergiendo de mi angustia. ¡Cuánta luz perdurando en el recuerdo! ¡Qué cielo y aire libre, qué horizonte en el patio! ¡Y aquel niño, dueño de la tierra, libre para disfrutarla! ¡Yo como él, como él! ¡Qué gran salto era el colegio!

Estoy seguro que de haber alcanzado en aquellos instantes lo que no pude experimentar en mi alumbramiento cuando, inconscientemente, vine al mundo: la sensación de nacer, el sentirme a mí mismo ante lo demás... Descubrirme vivo sobre la tierra, ella mi campo de acción. Así me lo enseñaba el obstinado cavador infantil, buscando no se qué o quizás explorándose a sí mismo, su habilidad, su fuerza... Haciendo, haciéndose con su quehacer, con su obra.

No tengo más noticia de aquel chico. ¿Qué hacía: cavaba o excavaba? ¿Quería hundirse o sacar algo a la luz? A lo largo de mi vida he realizado a veces lo uno y lo otro, sobre todo, cuando para escribir me hice arqueólogo de mis cavernas interiores, logré jugar con la tierra y es verdad que encontré bichos. En el colegio mismo: alguna lombriz, cuya importancia he conocido luego cuando me enseñaron a ver el suelo como el complejísimo y delicado mundo que es la piel del planeta, tan brutalmente maltratada por el hombre. Tiempo adelante, enfrentándome con mis afueras, reconozco inclinarme más a comprender que a transformar.

Desde el principio fui en el colegio más el niño inmóvil en aquella puerta que el atacante del suelo. Me atrajo más la lectura que el recreo. Esa disyuntiva se me impuso aquel día: por eso se clavó en mi memoria, orientando el rumbo del río de mi vida.

En el Registro Civil la geografía del río manriqueño que me siento ser aparece en el mapa brotando en Barcelona, bajo el signo de Acuario, tres años antes de mi primer recuerdo. En una biografía de erudito ese lapso llevaría a recoger numerosos datos. Pero para mí no cuentan; yo no los he vivido. Y además, después de todo, también esa descripción resultaría mutilada por faltarle los importantes acontecimientos que van creando la urdimbre básica de nuestro cuerpo en los meses prenatales, desde aptitudes nacientes hasta la determinación del sexo. También los ríos empiezan a formarse antes de manar bajo el sol, reuniendo sus primeras gotas en filtraciones de cavernas, resbalando sobre estratos impermeables y atravesando capas porosas por oscuros vericuetos. Sin duda mi cuerpo superó ese proceso y después, acogido por mis padres, fue llevado adelante e incluso fue objeto de un extremado cambio en el espacio.

Como he dicho antes la vida consciente de mi yo, la verdadera, comienza con el descrito primer recuerdo, pero lejos ya de su origen administrativo: en la ciudad de Tánger. El cambio fue decisivo para mi formación y mi futuro: sustituyó mi niñez barcelonesa por una infancia tangerina e internacional.

Esto no es desentenderme de mi nacimiento catalán civil, que es la verdad llamada histórica. Cuando llegué al fin a Barcelona, medio siglo después, rendí mis sentimientos más hondos a la emoción de la sardana bailada en la plaza pública el domingo por la mañana. He estado allí muchas veces, he echado raíces aéreas, pero yo estoy coplantado en África, aunque tanto la historia del río, su curso vital, cuyos remansos y accidentes son como él los vivió y no como pueda describirlos, con actas y fotografías en mano, un observador del paisaje. Mi infancia fue tangerina: ésa es la verdad.

MICROMUNDO TANGERINO (TANYAUI)

El cambio fue decisivo. El escenario —campo de fuerzas vivas— español y mediterráneo desapareció por escotillón, sustituido por una ciudad internacional y plantada en África, pero poblada por una sociedad cosmopolita. Había entonces por el mundo algunas ciudades así: libres, pero no por privilegio de algún amo, como las europeas medievales, sino por tener varios. Vivía así como la mujer galante con varios protectores, lo que ensanchaba su ventajosa libertad. Era propiedad del Sultán de Marruecos —su legítima, como si dijéramos—, representado por un funcionario llamado el Mendub, pero la administración y el poder estaban en manos de un comité integrado por cinco países: Gran Bretaña, Francia, Estados Unidos, España e Italia.

(No recuerdo si «Mendub» era el nombre correcto, pero así le oía llamar y, al tratar de mi fecha natal, ya he dicho —no volveré a repetirlo— que el río cuenta las cosas como las vivió él, porque ésas son sus verdades.)

Volviendo a la escena, insisto en su polimorfismo, su versatilidad. En mi Tánger convivían distintas modalidades humanas, de las llamadas «razas». Varias eran también las monedas, las lenguas, los usos nacionales y, sobre todo, varios eran los dioses, con sus correspondientes religiones, únicas verdaderas todas ellas. Se aplicaban normas generales para la convivencia y el trato social, pero no se imponía dogma ni pensamiento único alguno. La libertad era amplia y alegre porque, al coexistir múltiples dogmas, el acogido a uno está protegido contra los otros y tiene, además, dónde refugiarse si ha de abandonar el propio. Así era, aunque temo que no se lo expliquen quienes están seguros de vivir en posesión de la «verdad».

Algo importante de Barcelona, sin embargo, sobrevivió en mi nuevo escenario: el mar. También sus ondas bañaban Tánger, aunque no en exclusiva y ni siquiera predominantes. Tánger se asoma a dos mares, pero es más atlántica que mediterránea, más oceánica. Le cuadra más decir «la mar», según acostumbran los marineros (ellos «se hacen a la mar») porque mi Tánger —ya lo dije— era femenina, transpiraba feminidad. El río que soy nació junto a la mar y me lleva inexorable a ella (también Manrique la cantó en femenino) si bien a otra distinta. Porque la mar no es Una: como mi Tánger, es polimorfa, habla lenguas diferentes e inspira humanismos diversos. Esa visión de La Mar vertida en mares ha sido tan permanente en mí que necesité al fin componer un libro describiendo, con mi diferente visión de cada uno, los mundos oceánicos más significativos para mí.

En aquella Tánger de 1920, en fin, inició su curso el río que soy, como un arroyuelo poco turbulento serpenteando por el espacio doméstico en cuanto pudo gatear, primero, y luego tenerse sobre sus pies. La casa, que ocupaba un primer piso en la entonces conocida por la Cuesta de la Playa, me resultaba seguramente inmensa, llena de recovecos y de sorpresas. Me tenían dispuesto un espacio de juego, pero recuerdo mi insistencia en instalarme en el «cuarto moruno», por la blandura de la alfombra de Fez y de los almohadones, algunos de cuero, para sentarse. Acabaron permitiéndomelo, supongo que por concentrar entonces sus cuidados en el segundo hijo, recién nacido allí: un hermanito que debía de ser para mí, al principio, otro objeto doméstico curioso.

Vivió también con nosotros algún tiempo mi abuela paterna, pero de su estancia sólo recuerdo una pequeña fotografía, desaparecida hoy, mostrándola con mi madre en el asiento principal de un coche de alquiler. Habrían salido de paseo, llevándome, porque aparezco sentado en el alto pescante, al lado del cochero, un moro corpulento con llamativo turbante.

Mi abuela se marchó pronto, a vivir con su hija casada. Andando el tiempo comprendí que no había congeniado con mi madre, cosa nada extraña pues aquella suegra era una mujer muy dominante y mi madre se resistiría. Lo sé porque años después hube de encontrarme yo bajo el dominio de mi abuela, empeñada en encauzar mi río a su manera.

Duraron mucho más en la casa dos personas,

que completan sus pobladores: Paz y Absalam. La primera era Paz, la doméstica. Una sanluqueña ya de cierta edad, que estuvo con nosotros todos los años tangerinos, siempre cariñosa y de buen humor. El moro era un personaje formidable para mi admiración infantil: de edad madura, alto, con membrudas pantorrillas mostradas desnudas por los zaragüelles que vestía y unos magníficos bigotazos de puntas salientes a los lados. Se conducía con una dignidad reforzada por el mérito de haber peregrinado ya a La Meca, lo que no le impedía servirnos de recadero, realizar pequeñas reparaciones domésticas y atender con afecto y paciencia a los niños. Era un soldado del tabor español de regulares que, con otra unidad francesa semejante y una policía del Mendub, garantizaban el orden público y, curado de cierta enfermedad por mi padre, que era el médico de su unidad, aceptó el papel de asistente en mi casa, relevado de servicio. Con Paz sostenía relaciones muy cordiales salpimentadas, para nuestro regocijo, por burlonas discusiones en la cocina sobre sus discrepancias por obvios motivos de sexo, nacionalidad, costumbres y, sobre todo, religión. Se increpaban pero entre buenos amigos: nunca llegaba la sangre al río.

La casa era espaciosa, con dos buenas habitaciones especialmente vedadas para mí: el despacho de mi padre y la adyacente sala de consultas, ésta con una vitrina de fascinantes instrumentos para cirugía menor, que a veces se practicaba allí. Mi pequeña habitación tenía ventana a una bocacalle de la Cuesta de la Playa que a menudo me ofrecía espectáculos curiosos. Allí aparecían a veces reatas de tres o cuatro camellos conducidos con productos del campo. Allí se arrodillaban para el descanso y eran descargados los burros o furgonetas para el mercado. Allí también detenía un lechero cada mañana su hato de cabras y acudían las mujeres de la vecindad con cacharros que el hombre llenaba de leche ordeñando directamente a sus animales. Y con el tiempo, por aquella callejuela, continuada por otras con recodos y escaleras colina arriba, llegaron a dejarme ir solo al colegio cada día.

En la casa había libros, y no sólo los profesionales de mi padre. Mi madre leía, en los escasos ratos después de sus ocupaciones, mucho más del tiempo dedicado por otras amas de casa a costura y labores. Yo la imité pronto con voracidad. Consolidada en el colegio mi capacidad lectora completé los primeros textos escolares con revistas y cuentos infantiles, como los famosísimos publicados en minúsculos folletitos por don Saturnino Calleja. Además en mi casa se escuchaba música. Mi padre tocó la bandurria en la tuna universitaria vallisoletana, y seguía divirtiéndose con ella, adquiriendo partituras que transcribía a cifra, en papel pautado, para facilitar la interpretación.

Mi creciente arroyuelo aumentaba así su caudal y se enriquecía con melodías. A mis seis años se instaló en el piso tercero de la casa una anciana señora vienesa, recién viuda, madre de la inquilina. Había sido profesora de piano y aunque ya no ejercía, al conversar con mi padre cuando él la atendió de una dolencia, le convenció de que me dejara subir con ella algunos ratos para animarme a ser aprendiz de pianista. Mi padre aceptó encantado, mi madre me llevó el primer día y simpatizó con la inquilina de la casa, a la que hasta entonces sólo había tratado ligeramente: era también vienesa y estaba casada con un inglés, míster Hillman, funcionario en la Administración Internacional. Los dos matrimonios empezaron a reunirse más a menudo y mi arroyuelo empezó a fluir por un paisaje ideal, nunca antes imaginado, y a tener la hondura de un verdadero río. Pero no por las clases de piano, aunque las seguí con aplicación, sino porque yo encontré una nueva y trascendental amistad: Odette Hillman. El matrimonio del tercero tenía una hija, un año menor que yo, aunque casi tan alta.

En el día de mi tercera lección, cuando estaba yo sentado ante el piano bajo la mirada de la abuela, ejercitándome en el paso del pulgar para hacer escalas, la niña entró silenciosamente y se acercó a mirar. Mi sorpresa interrumpió mi ejercicio y la abuela, doña Berta, quiso hacerla salir. La niña se resistía, prometiendo estar callada y quieta. Porfiaron un instante mientras yo, de repente absorto, guardaba silencio. La abuela se irritó, asegurando que aquella presencia me molestaría. Mi reacción fue instantánea, para asegurar lo contrario, insistiendo en que la niña no me perturbaba en nada. La señora se rindió y de los claros ojos de Odette me llegó una mirada inefable: revelación de otro mundo. Fue de repente, desde el principio. La continuidad del río se aquietó en un remanso de las aguas, como si hubiese llegado al final. Pero era el principio: el mundo bajo otra luz.

Odette tenía unas facciones delicadas y el pelo, muy negro y lustroso, cortado en melenita, a lo *garçon,* según la moda de entonces, igual que su madre. No sé cómo vestía, algo con manguitas cortas, pues lo deslumbrante eran, sobre todo, sus ojos.

De color azul claro, como de aguamarina, lo expresaban todo: candor, vehemencia, desprecio, melancolía. Sus ojos cantaban y reían, descubrían y aceptaban. Podían ser compasivos mientras su sonrisa era burlona.

Al escribir esto, ochenta años después, me parece imposible poder presentar de ese modo a una niña, pero así era en el mundo del remanso. Odette era una niña muy hogareña y dócil, pero también habitaba un mundo de fantasía, del que me hizo partícipe enriqueciendo mi vida con ello gloriosamente. Me inició en él después de varios encuentros, pues me acostumbré a quedarme un rato más en su casa después de la lección de piano, en los atardeceres de aquel otoño, cuando ambos habíamos regresado de nuestros colegios.

La madre nos había dado en la mesa de la cocina una sencilla merienda, que acabó convirtiéndose en costumbre, y se volvió a la compañía con su madre, dejándonos solos.

—Voy a llevarte a mi casita —dijo Odette, con decisión.

—¡Pero si estamos en tu casa! —repliqué riendo.

—Ésta es la de mis padres. Ven —ordenó.

Y echó a andar por el pasillo hasta un cuarto al final. Me hizo entrar en un trastero, con un baúl mundo, unos estantes con cajas y legajos, una gran sombrerera de cartón y otros cachivaches: todo abigarrado, pero no amontonado ni polvoriento. Nos detuvimos sobre una mesa colocada contra la pared y cubierta hasta el suelo, delante y a los lados, por una fina tela estampada, como de cortinas. El cuarto estaba en penumbra: sólo recibía alguna luz por una pequeña claraboya alta que debía de dar al patio de vecinos. Me sentía desconcertado.

—Ven —repitió Odette. Al mismo tiempo, agachándose, alzó la tela de la mesa y, a gatas, se metió debajo, manteniendo en alto la tela con la mano.

Sin salir de mi asombro hice como ella y momentos después me encontré sentado a su lado sobre una blanda alfombrilla, con un almohadón entre mi espalda y la pared. La tela, caída de nuevo, nos aislaba en aquel refugio, bajo el tablero de la mesa, firme sobre sus cuatro patas. Era su casa.

—Tengo luz —dijo muy seria, y al instante me deslumbró la de una poderosa linterna puesta a su lado, de las que se usan en talleres de reparaciones—. Así puedo leer —concluyó, apagándola.

Respiré: me sentí mejor en la penumbra, acrecentada por la cortina aislante, casi una gasa que no imponía la oscuridad absoluta.

—Se está bien, ¿verdad? —dijo su voz a mi lado.

Asentí con la cabeza, incapaz de hacer más. Imposible decir la inmensa paz, la beatitud en que me hallaba. Incluso eran palabras que yo aún no poseía. Mucho después supe lo que estuve entonces viviendo sin saberlo: que el río de la vida no se interrumpe nunca, ni cuando parece sumirse en un remanso. Continúa fluyendo, pero fondo abajo, hacia lo profundo, haciéndose más verdad, puro río sin riberas.

Al menos, yo descubría a Odette. Inmediatos nuestros costados, paralelas nuestras piernas extendidas sobre el tapete, el susurro de su voz era un arrullo, mientras su contacto y su olor me envolvían en aire de otro mundo: en el orden cósmico femenino, habría dicho yo con muchos más años. Pero yo no decía nada, respondía a sus preguntas como podía, porque le dio por curiosear en mi vida, mientras me disolvía en deleite como un terrón de azúcar en un elixir. Me despojé de todo asombro con el sencillo medio de entregarme a la situación, dejarme llevar. Me afiné a su modulación y entrecruzamos nuestros descubrimientos. Más allá de la gasa infranqueable todo eran espejismos.

Así me aceptó en su secreto mundo de fantasía la Odette que afuera mostraba tanto realismo. En él volvimos a la luz de la linterna, porque trajo sus cuentos y me dio a conocer mitos infantiles distintos de los de don Saturnino que yo le proporcionaba. Eran libritos muy bien editados, con dibujos excelentes. Me los resumía porque yo no podía leerlos en inglés y así conocí a Alicia, a Humpty-Dumpty, al Sombrerero Loco, al Gato de Cheshire y a la Vieja que vivía en una Bota. Yo los contrastaba con los franceses de Perrault: El Gato con Botas, Pulgarcito y demás conocidos nuestros. Las diferencias culturales nos hacían más interesantes el uno al otro y se manifestaban hasta en detalles mínimos. Un día que me quedé a comer en su casa comprobé que los ingleses cogen sopa del plato con la cuchara al revés que nosotros: en vez de llenarla trayéndola hasta nuestra orilla del plato la sumergen cerca y la llenan alejándola. Todo tenía gracia, pero ella solía ser mi maestra, empezando por su ventaja con los idiomas, pues además hablaba el alemán con su madre.

Pero lo mejor era lo menos perceptible, lo inexpresable. Al adentrarnos en invierno, incluso en su suave manifestación tangerina, el «mobiliario» de su casa se enriqueció con la adición de una ligera manta moruna en la que nos envolvíamos, sentados bajo la mesa, en una máxima proximidad que me reblandecía y exaltaba a la vez. Nos confiábamos nuestros problemas, de casa o del colegio, y nuestras vivencias cotidianas; todo tan nimio para los mayores y tan importante para nosotros, pero lo más grato eran los silencios, durante los cuales se unía a nosotros, bajo la cortina, algo intangible que me poseía.

Una tarde nos cogimos las manos mientras permanecíamos silenciosos; de pronto sentí que el río recobraba su andadura, vibraba en su cauce, dejaba atrás el remanso aunque lo arrastrara también consigo. Yo cumplía siete años y en el colegio nos preparaban a unos cuantos para la primera comunión. Yo, naturalmente, comentaba con Odette lo que era un acontecimiento, más para mi madre que para mi padre. Odette, educada en la religión anglicana e hija de dos personas indiferentes, escuchaba escéptica mis versiones de los adoctrinamientos especiales que recibíamos, encaminados a excitar nuestros sentimientos ante el milagro de consumir al propio Dios. El fraile encargado de esa misión nos rociaba de frases tan alambicadas y espirituosas que más bien distraían mi ánimo. Así y todo en la mañana de la ceremonia me sentí arrastrado por la emoción de mi madre, aun sintiéndome raro en el traje especial —«de mocito», lo declaró Paz— que hube de vestir. A la tarde, en la suculenta merienda en mi casa, con amiguitos invitados, me saludó Odette con un «¿Qué? ¿Sientes algo por dentro?» que me desquició. El tono fue inocente, pero en su alerta vi la incredulidad.

Cuando volvimos a vernos en su casita ninguno dijo nada sobre el acontecimiento. En aquel mundo secreto y privilegiado las palabras eran más inspiradas por la imaginación, por la vivencia de los hondos silencios en compañía. Allí, como si una isla bifurcase su corriente, mi río fluía costeando paisajes diferentes de los cotidianos. Como le ocurría a Odette, en mí también se manifestaba esporádicamente otro yo ajeno al vivir colectivo y entregado a las lecturas, el refugio en la casita y la propia imaginación.

Entretanto, el río fluía hacia horizontes dorados, porque el impulso de la primavera nos iba acercando a los días estivales. En aquella primera etapa tangerina el tiempo sólo tenía dos estaciones muy diferenciadas, casi contrapuestas: el colegio, durante nueve meses, y la playa, con los tres restantes. La primera estaba moldeada por una rutina casi como la de los frailes: las mecánicas del reloj y el calendario gobernaban los movimientos y los planes. La segunda era la libertad, condicionada por el cariz del cielo y el estado del mar. Hasta en el olor del aire notábamos ya, Odette y yo, el advenimiento de la libertad.

Sentados en el tapete de su casita nos imaginábamos lo que iba a darnos aquella libertad. Yo la esperaba con ansia: ¡íbamos a disfrutarla juntos! Ella me contaba que el verano anterior su padre había alquilado una villa en el Monte, en las afueras de la ciudad, con un amplio terreno alrededor que descendía hasta una caleta a la orilla del mar. La casa tenía adyacente una tonela —así llamaba ella a un cenador con paredes de madera en persiana— donde se hacía la vida prácticamente al aire libre. El guarda de la finca, un moro alojado en un pabellón con su familia, cultivaba una huerta, criaba animales, y tenía un borriquillo muy manso que Odette adoraba montar. Nos forjamos diversas ideas para aprovechar tantas facilidades si su familia repetía el alquiler anterior, pero no hubo ocasión de realizar ninguna. Nuestro sueño fue destruido por un rayo: el padre de Odette obtuvo un ascenso y fue destinado a la embajada británica en Atenas.

A primeros de mayo bajé con mi madre por la mañana al muelle de viajeros de Tánger: un espigón entonces de madera, con una escalera por la que se bajaba a las barcazas que llevaban al pasaje hasta los buques de la línea a Gibraltar, dado que las naves no podían atracar en el muelle. En éste permanecí yo, viendo alejarse a la barcaza, al lado de mi madre, que agitaba un pañuelo. Las lágrimas me nublaban la vista, mientras mi mano apretaba el tomo de cuentos ingleses ilustrados tantas veces comentados en la casita de Odette, que ella me regalaba como recuerdo.

Durante tres o cuatro semanas el río de mi vida avanzó con trabajosa irregularidad, bajo un cielo sombrío. Su curso era inseguro, unas veces fangoso y lento, otras empeñoso entre riberas baldías. Echaba de menos a Odette, sobre todo a la hora crepuscular en que antes nos reuníamos en la casita, pero más todavía me faltaba el mundo suyo personal que ella me había enseñado a vivir juntos. Imposible reavivarlo sin Odette; en vano repasé una y otra vez las páginas de sus cuentos ingleses, apoyándome en las ilustraciones para conjurar el encanto de su voz y sus comentarios. Tampoco fue eficaz una postal desde Londres y otra desde Viena, incluidas en cartas de su madre a la mía. Yo vivía alicaído; mis padres me miraban con inquietud. Yo no mostraba interés por nada; sólo les pedí empezar a aprender inglés en septiembre, con la confusa impresión de acercarme así al mundo odético. Menguaba el caudal del río como en tiempos de sequía.

Muchos años después, evocando aquel período, me he dado cuenta de que entonces experimenté por primera vez algo esencial en mi visión de la realidad: mi convicción de que cada persona se hace su propio mundo, o más de uno, acoplando como en un mosaico piezas y componentes recogidos (al azar o por preferencias a veces inexplicables) del magma ambiental que nos envuelve.

Así pasaron los últimos días del curso y, al fin, el río llegó a la playa. Como todos los años salí de casa temprano, para aprovechar la mañana, acompañado por Absalam. Alquiló un burro porque había que transportar a la caseta algunas cosas (aunque las toallas, hamacas y demás enseres playeros estaban ya allí) y eso me permitió hacer el paseo montado, mientras detrás caminaba mi moro charlando con el burrero. Recuerdo que durante el recorrido, Cuesta de la Playa abajo hasta el terraplén y luego por el paseo marítimo, se evaporó mi desánimo de las últimas semanas: me sentía gallardo jinete y estrenaba en mi cabeza un salacot, uno de los sombreros usados por las tropas coloniales y los viajeros del trópico, que, en tallas infantiles, se vendían en los Magasins Modernes.

La caseta destacaba, repintada en anchas rayas verticales azules y blancas. Envuelto en su penumbra —sólo unas aspilleras altas, bajo el vértice de su techo a dos aguas— me sentí donde esperaba. Los bañadores colgados, el cubo y la pala, las raquetas y aros para juegos, las hamacas plegadas, la gran sombrilla y, sobre todo, el olor a madera pintada y recalentada, al que luego se iría incorporando el de los desnudos sudorosos, borraba todo recuerdo invernal y me reponía en el mundo estival de la libertad.

Me quité la ropa, colgando con cuidado el preciado salacot, abrí la puerta y me sentí exaltado al colmar mis pulmones de aire marino y llenar mis ojos con la visión de la arena, la procesión de las olas y la inmensidad azul bajo las nubes felices. El río —en su piel desnuda la caricia del aire— absorbía la luz hasta su fondo, incitado por el esplendor del mundo. La playa a la vista me transportó a la playa de antes, la de siempre. Era La Playa.

El río la revivió y se olvidó de todo menos de su propio curso. Eché a correr hacia el mar y el día se puso en movimiento. Volví a todo, entregándome: a zambullirme, a nadar, a flotar, a caminar junto a la cinta de despojos dejados por la marea alta (algas, conchas, caracolas vacías, caparazones rotos, estrellas, tabloncillos), contemplar a las gentes... Llegó mi madre y regresó a casa Absalam, que había estado sentado todo el tiempo a la sombra de la caseta, aspirando de vez en cuando su rapé. Mi madre salió de la caseta en su bañador, provisto de las faldas de entonces, y se metió en el agua un breve rato.

La contemplé desde la caseta. Acudían más bañistas y paseantes, aunque no tanto como en pleno verano. Fueron pasando los vendedores ambulantes, moros generalmente: el de las gaseosas frescas, el de las patatas fritas, el de los globos, el barquillero llevando el bidón de la mercancía con la rueda de la suerte en la tapa, que hacíamos girar para ver si sacábamos más canutillos por nuestra moneda...

De repente, se había terminado la mañana. Llegó mi padre a recogernos (no siempre podría) y volvimos a casa en el auto recién adquirido: un Overland que el creciente número de visitas domiciliarias venía haciendo necesario. Sentarme delante, al lado del chófer, hizo rebosar mis satisfacciones de la mañana. Estaba tan saturado de excitación y cansancio a la vez que, tras el almuerzo, caí en profunda siesta casi inmediatamente.

A la tarde... No puedo recordarlo. Bajaría a jugar al terraplén, desde donde al anochecer se percibían a veces los destellos del faro de Tarifa, al otro lado del estrecho. O me reuniría con mis mejores amigos del colegio, dos hermanos malagueños, para jugar en su casa de las afueras, desde donde a veces nos acercábamos hasta los próximos arenales del lado sur de la ciudad... Aunque lo más corriente era volver a la playa, donde pronto recuperé compañeros del verano anterior, que desaparecían durante el invierno. El mundo se centraba en la playa y el verano era la libertad.

En casa me acordaba a veces de Odette, pero aquel mundo iba desvaneciéndose. Aunque sentía casi reverencia ante el libro de cuentos y sus personajes de leyenda, no me producían la misma emoción: faltaba la cálida presencia de Odette y el ambiente mágico de su casita bajo la mesa. Aquel ambiente resultó pronto suplantado por otro, cuando un primo de mis amigos malagueños se incorporó a nuestro trío. Tenía dos años más que yo y era también aficionado a los libros. Gracias a él descubrí las novelas de Salgari y como, al mismo tiempo, al extremo de la fila de casetas sacaron a tierra una gran barcaza, que permaneció allí todo el verano, pronto empezamos a jugar en ella imaginándonos piratas en el mar de las Antillas, navegando bajo la bandera del Corsario Negro.

La barcaza, muy grande y provista de cubierta, había quedado en tierra bien apuntalada y se prestaba por sus condiciones a los juegos de nuestra imaginación. Desde ella saltábamos a la arena como si nos lanzáramos al agua y trepábamos luego a ella como para capturarla sorprendiendo a sus imaginarios tripulantes. El primo era el Corsario Rojo, nuestro capitán, y los dos hermanos sus lugartenientes, como Carmaux y Van Stiller en los relatos de Emilio Salgari. Yo había conseguido ser el Corsario Negro y me sentía feliz con su fatídico destino porque, a cambio, ese papel me atribuía el amor imposible de Honorata de Van Gould, cuyos avatares sorbía yo en las páginas de la novela cuando por la noche leía unos momentos antes de dormirme. Imbuidos de nuestros papeles respectivos pasamos muchas tardes planeando sorpresas contra otras naves, divisándolas en el horizonte, juzgando de su artillería por si era superior a la nuestra, cambiando constantemente la posición de las velas en los inexistentes mástiles, virando a babor, largando escotas, preparando los garfios para lanzarlos en cuanto nuestro capitán gritara desde popa: «¡Al abordaje!». Seguro que Honorata, refugiada en lo oscuro bajo la cubierta, seguía temblorosa el desarrollo de la aventura. Y ya me era mucho más fácil integrarme entre aquellos héroes de carne y hueso, que en el mundo de Alicia más allá del espejo.

Cuando todavía no nos habíamos cansado de sentir como si lo viviéramos, ese simulacro acabó de repente porque un día, cuando nos acercamos a embarcar, resultó que nuestra nave no estaba. Como dijo el Corsario Rojo, nos había traicionado nuestra tripulación, sin duda sobornada por el malvado gobernador de La Habana.

Trasladamos nuestros juegos al jardín de los dos

hermanos y a los arenales, en aquellas tardes en que no íbamos a la playa, meta permanente de nuestra vida estival. Me propuse sustituir el mundo de las Antillas y de los corsarios con otros alimentos para mi avidez lectora, porque el río perdía caudal cuando no le acrecentaba tales afluencias.

Por desgracia, al primo de mis amigos se le acabó su vacación tangerina. Falto de asesor, me decidí por empezar a leer a Julio Verne, pero cometí el error de comprar su *Viaje a la Luna* y las discusiones previas sobre la tecnología necesaria para lanzar el tremendo proyectil enfriaron mi interés. Hoy sé que habría tenido más suerte con alguna otra novela del autor, como por ejemplo la poco conocida *Dos años de vacaciones.* De todos modos, mi atención se vio de pronto absorbida por otro problema, mucho más terrestre y trascendental: el río de mi vida llegó al borde de una arista rocosa dominadora de un hondo territorio y se desplomó, hecho una catarata, en otro mundo inesperado: un paisaje lejanísimo para mí, en el espacio y el tiempo.

Sucedió que, por motivos familiares que escapaban a mis ocho años pero acatados por mejorar mi futuro, decidieron mis padres que yo continuara mis estudios en un excelente colegio de Zaragoza: el del Sagrado Corazón, regido por padres jesuitas. En aquella ciudad vivía la hermana de mi padre, casada con un médico retirado por padecer una cardiopatía, secuela de la famosa gripe de 1918. Con ellos vivía su madre, mi abuela, y como no tenían hijos les ilusionaba la idea de tenerme en su casa mientras yo recibía una educación que no era posible en Tánger. Por el momento, en aquel mes de septiembre, ellos terminaban de pasar el verano en un pueblo de Soria donde mi tío poseía tierras e intereses, trasladándose todo el invierno a Zaragoza. Cuando yo me enteré del acuerdo ya estaba decidido que, pocos días después, mi padre me llevaría a la casa de sus familiares en Cihuela, para dejarme allí hasta el verano siguiente. «Cihuela: ¡qué nombre tan raro!», me dije, con sentimientos mezclados de inquietud y tristeza, por una parte, pero con animada curiosidad, por otra; sintiéndome de todos modos un privilegiado entre mis amigos: un elegido. Las ondas del río temblaban, pero fluían impetuosas.

Los preparativos fueron meticulosos, por parte de mi madre sobre todo y la despedida —en el muelle donde había dicho adiós a Odette, que surgió de repente en mi memoria— provocó mis lágrimas en el abrazo a mi madre. Pero el viaje está en el recuerdo como toda una serie de grandes descubrimientos incorporados a mi experiencia infantil. Para empezar, la precaria escalerilla al costado del buque —encontré aventurado alcanzarla en un salto— y al fin, sentirme sobre un verdadero navío, de cubiertas suavemente balanceadas. El cruce del estrecho de Gibraltar me deparó la visión de una ballena en libertad y me pareció crecer sólo con observar en su verdad el cetáceo que más de una vez habíamos arponeado sobre la arena en la otra barcaza, la varada en la playa durante semanas. ¡Qué triunfo para contárselo a mis amigos el verano siguiente que, por el momento, se me aparecía borroso y lejanísimo!

En Algeciras pudimos almorzar y en seguida, a las tres y media de la tarde, el río comenzó su trayecto por tierras españolas. Nos subimos al tren mi padre y yo.

Hoy aquel tren, por comparación con los actuales, me parece un viejo transiberiano por las estepas del Asia Central. Necesitó diecisiete horas para dejarnos en Madrid a la mañana siguiente, incluyendo los tres cuartos que se detuvo en Bobadilla, donde descendimos a cenar convocados por el grito sacramental de «¡Parada y fonda». El convoy se detenía en numerosas estaciones; en medio de la sierra, primero, por el valle del Guadalquivir después y, al fin, por la llanura manchega, pasado Despeñaperros. Hacía calor y yo no me cansaba de mirar por la ventanilla abierta, pero finalmente me resigné a cerrarla porque entraba humo, e incluso me entró en el ojo una mota de carbonilla que mi padre extrajo, casi quirúrgicamente, mediante una varilla de papel de fumar cuidadosamente enrollada.

Describo estas minucias porque, nimias como son, a la altura de mis ocho años y mi primer viaje resultaban todas acontecimientos trascendentales. Por otra parte, los adultos daban al trayecto toda su importancia. En nuestro departamento de primera clase, con acolchados asientos adornados de pasamanería, viajaba también un señor maduro que se instaló adoptando desde el principio todas las precauciones adecuadas: cambiar los zapatos por unas zapatillas y vestirse un guardapolvo contra la rudeza del ambiente. Al menos, como el departamento tenía seis plazas yo pude dormir, arreglándome en dos contiguas, con la facilidad de los pocos años.

Sin necesidad de evocarlas, es fácil imaginar la infinidad de maravillas y sorpresas que me deparó la capital de España en sólo unas horas hasta la noche: las grandes calles, el tráfico, el Palacio Real, el metro, los tranvías, las tiendas, el hotel... El río cabrilleaba a la luz, más saltarín y removido que nunca. Mi padre disfrutaba con mi júbilo, y yo con el suyo; fue un día inolvidable, en el que procuró darme todos los pequeños caprichos a la vista. Y a la mañana siguiente, otra vez el tren.

Pero ese tren era otro. Paraba en todas las estaciones y en los apeaderos si alguien lo pedía. Nosotros lo dejaríamos en Alhama de Aragón, localidad demasiado pequeña para ser honrada con un alto del tren rápido. Para recorrer doscientos kilómetros necesitamos casi seis horas, que fueron una auténtica inmersión en la España profunda. El río de mi vida caía hundiéndose más y más entre cerros ásperos, orillando andenes donde los campesinos hablaban a gritos en un castellano enérgico, subían y se apeaban, mientras chicos y mujeres nos ofrecían a los viajeros agua de botijo y golosinas locales: almendras de Alcalá, bizcochos borrachos de Guadalajara, tortas de Arcos...

Yo miraba y oía con asombro aquel mundo extraño, de vez en cuando admirando decaídas huellas de un pasado esplendor, que me identificaba mi padre: el arco de Medinaceli visible sobre el cerro ibérico, la gran abadía de Huertas, el poderoso castillo de Sigüenza, el palacio de la esposa de Quevedo en Cetina... Al fin una torrecilla sobre un risco. El tren aminoraba la marcha. Llegábamos a Alhama. Allí nos aguardaba lo más desconcertante: un inesperado automóvil, un Panhard Levasseur, aparcado a la salida de la estación entre unas mulas. Sin dejarnos ver nada de Alhama —mi padre me había hablado hasta de un casino allí— el coche nos llevó estrepitosamente a nuestro destino, por una carretera cuyos baches nos sacudieron repetidamente. «Cihuela», exclamó mi padre tras una curva del camino. Vi un caserío trepando por un cerro, coronado por unos muros y una torre en ruinas.

Cihuela

Tras haber recorrido en dos días unos novecientos kilómetros —algunos sobre la mar— mi río se estancó. La catarata cesó, agotó su desplome. Aun con mi poca experiencia infantil de la vida, el contraste con mi ambiente tangerino me demostró muy pronto que yo había caído en otro mundo, en otro tiempo. El río no se detenía en un abismo; más bien seguía hundiéndose, a través de capas geológicas más profundas, en el seno de la Historia humana. Meses después, bastaría la enseñanza elemental para revelarme que aquel curso subterráneo no era una novedad: resultaba un Guadiana.

No cabe imaginar —supongo que nadie próximo a mí lo pensó entonces— escenario más opuesto al paisaje y al tiempo míos hasta entonces. El mar y los aires atlánticos sustituidos por los cerros y el cierzo; el pluralismo religioso por la cerril ortodoxia única; el gracejo de la parla andaluza por el esforzado aragonés; las costumbres versátiles y permisivas por el riguroso condicionamiento; la tolerante risa por la exigente austeridad; la libertad, en fin, maniatada por el orden establecido. Y, dentro de la casa, el protector cariño de unos padres sanos y el juego con hermanos menores, transformado en un afecto sincero pero entristecido permanentemente por la enfermedad crónica de mi tío y sin más compañía para un niño que unos viejos.

Así se me representa ahora aquella realidad, pero entonces yo era incapaz de semejante diagnóstico. En cambio, toda mi sensibilidad sufría un agobio constante, subyacente incluso durante los momentos en que algo me alegraba: la correría de un gato, el sabor de unos caramelos, trepar acompañado hasta las evocadoras ruinas del castillo... Momentos breves y escasos, amargados por el miedo cuando a mi tío le daba el dolor. Nada podía devolverme a mi estado de ánimo tangerino, entre mis amigos o en casa. Las fantasías vividas con Odette no pude ni evocarlas —aunque lo intenté— como tabla de salvación: ¡tan incompatibles eran con el opresivo ambiente en torno a mí!

Por supuesto que, en la opinión de ese ambiente, yo debía de parecer un niño privilegiado, un egoísta señorito: bastaba compararme con los chicos del pueblo: chavales con alpargatas, pelambres enmarañadas, pantalón rajado por la entrepierna en los más pequeños para facilitar evacuaciones. Algunos de mi edad sacados ya de la escuela para ayudar en la labor: llevar caballerías a beber, echar pienso a las gallinas o al gorrino, apilar hierba... Y yo bien vestido, sin quehaceres, con buen comer y mimado. Sí, pero arrojado en aquel hoyo entre cerros, ocre y gris, áspero y taciturno, como de otro planeta. El río, desconcertado, perdido el norte, se concentraba sobre sí mismo en un remolino lento y resignado, de aguas morosas, opacas. En la casa entraba a veces la luz con las cartas de mi madre y, cada dos semanas, un paquete suyo conteniendo revistas infantiles. Yo las leía y releía aunque, más de una noche en la soledad de mi cuarto, contiguo al de mi abuela, llorase en silencio añorando mi mundo perdido.

A veces, sin embargo, mi vitalidad infantil se imponía al ambiente, si mi tío no se encontraba en uno de los días en que sus ataques amenazaban con impedirle respirar. Cuando hacía buen tiempo me dejaban acompañar a Bibiana hasta la fuente del azud, para traer agua de mesa. Era una moza de la casa, joven y risueña, que me tenía simpatía. Empujaba una carretilla de una rueda y dos brazos, adaptada para transportar cuatro cántaros. El sendero sinuoso avanzaba bajo los chopos y yo descubría los pequeños prodigios del campo, tan desconocido para mí. Yo le preguntaba mil cosas de su mundo y ella se reía asombrada de mi ignorancia, sin que le interesase para nada el mío. Al regreso en casa me envolvía la bruma.

Ahora escribo mis sensaciones de aquel tiempo, que entonces no habría sabido expresar —ni siquiera a mí mismo— porque las vivía sin tener aún las palabras precisas. Pero hoy percibo que, al mismo tiempo, bajo aquella existencia desolada, estaba yo empapándome de un mundo contrario al de Tánger, cierto, pero no sólo en sentido negativo. Un mundo antiguo, sólido y compacto, sin dudas ni ambigüedades, donde cada cual y cada cosa tenía su sentido y su misión, inquebrantables so pena de sacrilegio. Allí lo humano era naturaleza, más que cultura ni voluntad. Sucedía lo que tenía que suceder. El orden de las cuatro estaciones del año era inmutable y en ese ciclo el campo se vestía y desnudaba periódicamente y las gentes engarzaban sus vidas. Como en el Eclesiastés, había tiempo para regar y tiempo para rezar. Los niños se miraban; la hija del tío Lorenzo acabaría, llegado su momento, en la cama del hijo de la Crispina: así tenía que ser. Las osadías mercantes del Josefo acabarían arruinándole. Todo predecretado por los dos estrictos códigos: el de la Naturaleza y el de la Tradición, religiosa y social. Un mundo repetitivo, sin historia, siempre igual. Pero, por eso mismo, sólido, seguro, sin angustia, sustentador, imperturbable.

Todo estaba como consagrado. Ciertas vivencias me impresionaban grandiosamente, sin yo saber por qué, y es que eran ritos. La matanza del cerdo: una mañana fría, la hoguera en el corral, los cuchillos afilados, tres hombres esforzándose en sujetar al animal que gruñe atrozmente y se debate, la saña de la puñalada ahogando el grito, el chorro de la sangre, el cuerpo muerto colgando, el meticuloso despiece ya entre bromas... O la era en el verano, las vueltas incesantes sobre el rodal de mies con el trillo tirado por la mula, bajo el sol aniquilante. El animal se paraba al mediodía astronómico, porque el tiempo en aquel mundo era absoluto, mientras los relojes ya estaban más allá, obedientes a la reciente orden ministerial de adelantarlos en todo el país. El reino natural prevalecía, a veces de un modo primitivo que me impresionaba como barbarie. No puedo olvidar que, cuando se estropeó el émbolo de sacar aire para aplicar ventosas descongestionadoras en el torso de mi tío, él lo resolvió mandando a un mozo a buscar sanguijuelas en las acequias donde solían hallarse: yo no podía apartar mi horrorizada mirada de aquellos gusanos aferrados a la piel humana y engordando a ojos vistas con la sangre de mi tío, hasta que se desprendían, al no poder más, o se les forzaba a dejar su presa aplicándoles un cigarrillo encendido.

Aquel mundo era coherente; tenía su propia e inmutable organización. La iglesia, con su torre por encima de todos los tejados, era su cúpula suprema, con puestos fijos según las familias y clamores de campana para llamar a incendio, tocar a muerto o repicar en bodas y procesiones. La gran cocina de la casa era su Parlamento, donde por las noches, en los dos bancos enfrentados a los lados del hogar bajo —tronco permanente de carrasca y llamas alegres de aliagas o sarmientos—, mi tío recibía a algún visitante: quizás un aparcero, el maestro, algún comprador de cosechas y, con gran frecuencia, al párroco, con el que discutía, enfrentándose ambos armados de sus respectivos periódicos: el *Heraldo de Aragón*, liberal como mi tío, frente al ultramontano *El Siglo Futuro*, que era una segunda Biblia para el cura. En la pared, más arriba de sus cabezas dialogantes, mi tío había colocado estas cuatro líneas en un marco:

A la lumbre y al fraile
no hurgarle
porque la lumbre se apaga
y el fraile arde.

Eran grandes amigos y arbitraban, conciliadoramente, bastantes de los problemas que se planteaban entre la gente. Mientras, al otro extremo de la prolongada habitación (allá donde estaban los fregaderos, la mesa de trabajo y la gran tinaja del agua, en un espacio más sombrío) estaba atenta o se afanaba una moza, a veces dos, en ocasiones discreteando y riendo sofocadamente con algún mozo llegado con un recado o cualquier pretexto. La Bibiana era muy atractiva; al crecer, después, supe apreciarlo.

El río se detuvo un año entero en aquel regolfo y, sin querer, iba sumando sus aguas a los inmóviles procesos que le rodeaban. Mis desajustes iban cediendo a la presión de aquel molde vital inalterable. Fui adquiriendo hábitos cotidianos. «El sobrino de don Arturo» dejó de ser una novedad para la gente: el río parecía arrellanarse en el fondo de aquella sima en el tiempo. Pero de pronto el viento de la historia irrumpió en aquel mundo y el río recobró su vocación de camino andante. La grieta por donde me invadió aquel vendaval fue el descubrimiento de unos libros.

En la casa había libros, por supuesto, pero no para mí. No habría encontrado ninguno entre los que llenaban el armario del despacho, todos ellos sobre temas de medicina. Tampoco me resultaban atractivas unas cuantas novelas que ya mi familia no releía; ni siquiera una que me recomendó mi abuela por ser instructiva y de sana lectura, obra de un tal Coloma, un padre jesuita nada menos. Se llamaba *Jeromín* y era como de aventuras, pero me parecía un sermón. Al cabo, acompañando a mi abuela a un altillo trasero donde me asombraban unos baúles mundo descomunales, se me ocurrió abrir una arqueta arrinconada y aparecieron unos cuantos libros con atractivas portadas, ilustradas en colores. Más que libros eran como cuadernos impresos, con más ilustraciones en sus páginas y, aunque sólo en blanco y negro, me sedujeron por sus temas: hombres luchando con espadas, jinetes al galope, marineros trepando por escalas de cuerda... Eran en su mayoría novelas publicadas en el siglo anterior como complementos del periódico *La Correspondencia de España*, según supe después. Conseguí que las llevaran a mi cuarto, gracias al apoyo de mi tío, tras convencer a mi tía (contraria a entregarme lecturas tan malsanas), que hubo de resignarse a depurar aquellos textos solamente del polvo de los años para salvar, al menos, el aseo material.

Aquellos folletones fueron como inyecciones estimulantes. Hicieron revivir el ímpetu del río, lo despertaron de su encantamiento. Como un caballo fieramente espoleado, mi fantasía dio un brinco y se incorporó a la tropa de mosqueteros, espadachines, bandidos generosos, guerreros, delincuentes ingeniosos y otros héroes novelescos, incluso retrotrayéndome a los piratas de la playa tangerina. Paul Feval, Sué, Victor Hugo, pero también Dickens o Fernández y González me condujeron por maravillosas aventuras, con tesoros ocultos, estocadas secretas, espías, traidores, príncipes y heroínas. D'Artagnan y sus tres camaradas eran mis favoritos, pero también Lagardère, Rocambole, Jean Valjean y Oliverio Twist. Con ellos me aislaba de mi entorno, ascendía a un mundo excitante donde me crecían alas.

El río cobró fuerza y continuó su curso. Se agotaba el verano y, siguiendo el plan de mi familia, me orienté hacia el nordeste, acompañando constantemente a otro río, el primero de los que han regado mi vida: el Jalón, que me llevó hasta su acabamiento en otro mayor, el Ebro, dejándome en Zaragoza, donde fui entregado como interno al admirable colegio que me esperaba.

José Luis Sampedro

EL RÍO OLGA

por Olga Lucas

El río Olga nace a orillas del Garona, más tarde es desviado al Elba, luego al Danubio y de ahí al Turia antes de llegar al Jalón para desembocar en el MUSA.

Los cauces del Olga y el José Luis son muy distintos, tanto que el MUSA a ambos nos pareció un milagro. Así como el José Luis tiene un nacimiento y un primer tramo tranquilo y, salvo el meandro de Cihuela, no encuentra mayores obstáculos en su fluir hasta la Guerra (in)Civil, el Olga baja turbulento desde el inicio y no será hasta la edad adulta cuando se normalice su caudal.

Una coincidencia en el inicio: ese primer «tropiezo en el peñasco, el primer hito en el viaje al futuro», es decir, el primer recuerdo nítido en ambos casos ocurre a los tres años de vida. Pero así como en el río José Luis se trata del asombro por ver a un niño que juega solo, haciendo un hoyo en la tierra, mientras él tiene un cuidador que se lo impide, en el Olga, el primer recuerdo nítido es presenciar la deportación de su padre. Ese contraste entre ambos primeros recuerdos infantiles es de por sí elocuente para situar al lector sin mayores explicaciones.

Mi vida tiene ese comienzo: unos policías irrumpen de madrugada en mi habitación y se llevan a mi padre sin que éste oponga resistencia alguna precisamente para evitarnos una escena violenta. Al contrario, intenta disimular. Me da un beso y me hace creer que se tiene que marchar con esos señores que le esperan. No cuela. Soy pequeña, una niña sentada en su cuna, no entiendo, pero intuyo que algo malo está pasando. Los hombres se van, se llevan a mi padre. Aunque él finja irse con ellos, no se va, se lo llevan, En el camión le aguardan otros papás de otras niñas como yo. Arranca el motor y yo me abrazo a mi madre. No me vuelvo a dormir ni olvido la cara del policía. No me es del todo ajena. Los registros policiales eran frecuentes y por no respetar, ni siquiera respetaban los pañales o faldones de los bebés. Y, como efectivamente, «los ríos empiezan a formarse antes de manar bajo el sol, reuniendo sus primeras gotas en filtraciones de caverna...», aunque yo no tuviera edad para recordar las visitas anteriores, alguna huella debieron de dejar en esa esponja que es la mente infantil para que yo no me creyera nada de lo que me contaban.

Me senté en la escalera a esperar el regreso de mi padre. Imposible convencerme de abandonar el tercer escalón en el que tenía la costumbre de recibirle. «Cariño, entra, papá hoy vendrá más tarde, espéralo dentro.» Nada que hacer. Ni las explicaciones cariñosas ni las enérgicas surtían efecto. Pasé varios días en la escalera.

Todo esto ocurría en Toulouse, bajo el signo

de Libra, un mes de octubre, mes favorito del río José Luis, que llevaba ya treinta años fluyendo por otros paisajes.

En el cuarenta y siete los comunistas y anarquistas españoles que, tras ser vencidos en la Guerra Civil Española, continuaron su lucha contra el invasor nazi en la Resistencia francesa, ya no eran necesarios. No sólo sobraban, eran un estorbo. Liberada Francia, su indomable espíritu de lucha en las fábricas y talleres constituía un peligro para el sistema. Por otra parte, Toulouse estaba muy cerca de los Pirineos, es decir, de los pasos y puntos de apoyo de la guerrilla. El Partido Comunista Español fue ilegalizado sin importarle a nadie que muchos de sus militantes dieron la vida o lo mejor de ella por la liberación de Francia.

Por eso había registros policiales en mi casa, por eso se llevaron a mi padre, por eso crecí anhelando su reencuentro, por eso el primer tramo de mi río difiere tanto del cauce del río José Luis y de tantos otros.

Tras la deportación de mi padre, tuvimos que abandonar Toulouse. No sólo porque el médico recomendó que se me alejara de ahí como único remedio para no pasar el resto de mi infancia en la escalera, también porque mi madre, al quedarse sola con dos hijos, tuvo que buscarse más trabajos y alguien tenía que cuidar de nosotros. Nos trasladamos a la Seyne sur Mer, a casa de mis abuelos. La Seyne era municipalidad comunista, lo fue durante décadas con un alcalde preocupado y, en justa correspondencia, querido por su pueblo que siempre salía reelegido. Gracias a ello, la asistencia social nos podía proporcionar una mejor ayuda y mi abuela podía velar por nosotros mientras mi madre trabajaba. Siempre es mejor una abuela que la calle.

Pero en esa casa, sin agua corriente ni servicios, mucho menos una habitación, ni siquiera una cama por persona, recalaron también mis tíos huidos de París por motivos parecidos a los nuestros. Allí vivimos cinco años, hacinados, en un ambiente muy bien retratado en las películas del neorrealismo italiano. Cinco adultos y tres niños en dos apartamentos de cocina y habitación única cada uno y sin baño en ninguno de los dos. En el de la planta baja vivían mis abuelos maternos. En el del piso de arriba la hermana de mi madre, su marido e hijo tuvieron que hacernos hueco a los últimos en llegar, mi madre, mi hermano un año mayor que yo y, obviamente, yo misma.

En casa de mis abuelos, mi casa entonces, no discutían Paz y Absalam. Ya habrán adivinado que no teníamos domésticos ni recaderos; allí discutían todos, especialmente, mi tío y mi abuelo. Tampoco había cuarto moruno en el que refugiarse. Y buena falta hacía. Ya me habría gustado a mí tener algún refugio, algún rincón donde esconderme y huir de las disputas y del trajín de aquella casa. Con nuestra llegada, la cocina del piso de arriba se convirtió en nuestra habitación y la cocina de abajo, la de mis abuelos, pasó a ser la de todos. Ni pudiendo pagarla habría cabido ahí una doméstica.

No encajé bien en aquel ambiente. Crecí oyendo el reproche mil veces repetido: «Tú es que ibas para casa grande, pero la cigüeña se equivocó de portal». Sí, en mi caso no fue la paloma, fue la cigüeña la que se equivocó. Mala suerte la mía. Pero con error o sin él, mi sensibilidad era otra, no me sentía ni cómoda ni integrada en el lugar en el que me había tocado vivir.

Obviamente en esa casa no había libros como en la del río José Luis. No porque mis parientes fueran iletrados, no. Aunque mis mayores fueran menos cultos y formados que los suyos, en esa casa de pobres, de míseros diría yo, entraba prensa, se oía la radio y se leían libros prestados, pero difícilmente habría entrado una estantería para libros donde no cabían ni las camas. Teníamos una cama para tres; dos dormían en ella y el tercero (por turnos) en el suelo, en un colchón guardado debajo de la cama durante el día. Acabé pidiéndome el turno de suelo para siempre y así poder estar un rato a solas. Al menos de noche, tapada, disfrutaba de mi único rato de intimidad posible. Yo siempre fui más bien insomne. Me apodaban «el sereno» y ese rato de íntima «serenidad» permitía alimentar mi imaginación durante un rato que yo me esforzaba en prolongar. Aunque el monótono pedaleo de la máquina de coser con la que mi madre se sacaba por las noches un ínfimo complemento al sueldo obtenido en los trabajos diurnos, a cuyo son nos dormíamos, finalmente actuaba de nana venciendo incluso mi resistencia.

Pero antes de darle al pedal de la Singer mi madre siempre me leía un cuento. Mi padre, para entonces asilado tras el telón de acero, nos enviaba libros editados en español en editoriales rusas y húngaras. Recuerdo con especial cariño el de Marusia, las andanzas, venturas y desventuras de una niña aplicada en la entonces URSS de los años cincuenta. Cada día esperaba impaciente la lectura del siguiente capítulo.

Un día vi en el escaparate de una juguetería una muñeca que respondía exactamente a la imagen

que yo me había formado de Marusia. Era impensable que me la pudieran comprar, por lo que iba siempre que podía a admirarla y suspirar por ella ante el escaparate. La dependienta me sonreía y, animada por ello, le dije que la muñeca se llamaba Marusia y le conté las historias que mi madre me leía acerca de ella. Y es que para mí, la muñeca del escaparate era ella, era Marusia en persona, salida misteriosamente de las páginas del libro enviado por mi padre a quien tanto añoraba y necesitaba. Hasta que un buen día, para mi gran disgusto, la muñeca despareció del escaparate. La habían vendido y no la vería más. ¡Qué disgusto! Sufrí por ello durante meses sin saber que era mi madre quien había pedido a la dueña del negocio que no la vendiera, que, por favor, la apartara hasta que ella lograra reunir el dinero para pagársela.

La sorpresa fue mayúscula el día en que Papá Noel la depositó al lado de mi zapato debidamente lustrado y colocado a su alcance, cerca de la ventana en la habitación de mis tíos y al lado de los de mi primo. ¡Qué emoción! Ciertamente se la había pedido, pero en la carta a Papá Noel yo misma le reconocía que tal vez no le fuera posible traérmela porque ya no estaba en su sitio y que si no la encontraba, me contentaría con cualquier otro juguete. En realidad es lo que creía que iba a suceder. De ahí mi sorpresa y alegría. Inmediatamente quise escribir a mi padre contándoselo.

El libro se perdió en alguna de las múltiples mudanzas, pero la muñeca resiste. Cuando años más tarde logramos reunirnos con mi padre, él la adoptó y la custodió hasta el final de sus días. Yo la recuperé tras su fallecimiento y ahora, mientras escribo estas líneas, me contempla sentada en mi escritorio, recordándome el turbulento recorrido del río Olga.

He mencionado el zapato de mi primo, hijo único de mis tíos en la habitación contigua (más preciso sería decir en la habitación, sin más, pues, como he dicho, sólo había una; la nuestra era la cocina). Ese primo mío, tres años más joven, fue en esa etapa de nuestra infancia lo más parecido al personaje de Odette del río José Luis. No teníamos «casita», ni mesa, ni tela, ni manta moruna, ni lámpara, pero también leíamos cuentos juntos, nos protegíamos el uno al otro, aunque por la diferencia de edad más bien protegía la otra al uno. Nos contábamos los secretos y nos entendíamos porque todo parecía indicar que con él también se había equivocado la cigüeña. Era la única persona cuya sensibilidad conectaba con la mía, pudiendo así compartir soledades en medio del hacinamiento.

Sorprende que pese a las diferentes circunstancias, hay llamativas coincidencias entre ambos ríos, una de ellas la afición a las letras desde muy temprana edad. La situación de casi promiscuidad en la que vivíamos me permitió aprender a leer y escribir antes de la edad escolar «sola», es decir, mirando y copiando a los demás. Quería escribir. Escribirle yo misma las cartas a mi padre sin tenerlas que dictar a una persona mayor y, sobre todo, quería tener la seguridad de que se escribía lo que yo quería contar y no otra cosa. Cuando lo conseguí, también quise escribir cuentos como los que me leía mi madre por las noches para leérselos a mi primo menor. Y lo logré. Algunos de mis cuentos infantiles se publicaron en la prensa local tras ganar un concurso.

Hice muy bien en aprender pronto porque poco tiempo después el río Olga sufrió su segundo accidente importante en el que perdió la vista.

También en mi caso, el año se dividía entre colegio y playa. Parece increíble, pero pese a las dimensiones y condiciones de nuestra vivienda, al llegar el verano aterrizaban y acampaban entre nosotros mis tíos y primos de Castres, ávidos de sol y playa, como acostumbran los de tierra adentro. Durante los meses de verano, mi madre se ganaba un sobresueldo vendiendo helados en un carrito playero. Salía de casa mucho antes y con más prisa que los demás. Mi hermano y yo íbamos a la playa con mis tías y primos, los fines de semana también con los hombres de la familia, mi abuelo y mi tío. El camino de ida se recorría con alegría y una ilusión que, al vislumbrar la arena, alcanzaba el grado de excitación hasta encontrar el carrito de mi madre. Mi carrera hacia ella, su beso y la bola de helado después el baño, con el permiso de la dueña del carrito, naturalmente, son los recuerdos más vivos de mis primeros años playeros. El baño en sí, los juegos con mis primos se perdieron por los vericuetos de la memoria. Con un poco de esfuerzo tal vez pudieran aflorar, pero lo que ha quedado grabado es el carrito de helado y la aversión de mi abuelo a las gordas que nos obligaba a una cuidadosa elección del lugar donde extender la toalla y a muchas mudanzas repentinas ante eventuales cambios de bañistas en nuestro entorno. Si a una gorda se le ocurría extender su toalla en nuestra cercanía, ya sabíamos que en cuanto el abuelo se percatara de ello, habría que recoger bártulos y trasladar las nuestras a otro lugar sin el menor miramiento a nuestros castillos de arena. Por suerte, él nos acompañaba pocas veces.

Tras el baño y el disfrute, como mi madre se quedaba a completar su jornada laboral recorriendo la playa con su carrito (en realidad el carrito de otros), mi hermano y yo, al igual que a la ida, volvíamos a casa con los demás. El camino de regreso se hacía largo, no sé si lo era o lo parecía, pero no nos gustaba. Cansados y acalorados remoloneábamos y los adultos tenían que azuzarnos con los «venga, vamos, mañana te quedas en casa» y similares. A falta del Overland tangerino del río José Luis, nosotros nos conformábamos con un atajo al que llamábamos el camino de las alcachofas. Un día, en uno de esos momentos en que me quedé rezagada mirando una higuera, cuando mis tías se volvieron para meterme prisas, al echar a correr intentando alcanzarlas, tropecé con un alambre y me di de bruces contra el suelo. Me hice una herida en la nariz, aparentemente insignificante.

Una caída como tantas que termina con una tirita en la nariz. Nada más. Aparentemente no había de qué preocuparse. Sin embargo las graves consecuencias, la trascendencia de ese episodio marcaría el curso del río Olga.

Al día siguiente amanecí ardiendo en fiebre y con la cara deformada. Cabe suponer que el lugar de la caída estuviera altamente contaminado por algún germen realmente agresivo: un animal muerto, tal vez una rata retirada poco antes de nuestro paso, un escupitajo de un enfermo, un alambre oxidado... ¡vaya usted a saber! El caso es que la infección hizo peligrar mi vida, salvada gracias a la recién descubierta terramicina. En aquella época, la terramicina desbancaba en prestigio, no sé si en efectividad, a la reina que fue hasta entonces, la penicilina. Me salvó la vida, me libró de sufrir daños cognitivos, pero no logró impedir la pérdida de visión. Superadas las fiebres, los adultos comprobaron con alivio que me movía, hablaba y razonaba sin problemas. Cuando al poco tiempo empecé a decir que no veía, a todos les pareció un capricho de niña mimada durante la enfermedad. Les costó, pero finalmente me hicieron caso y me llevaron al oculista (en aquella época pocos usaban la palabra oftalmólogo) pensando que tal vez la graduación de mis gafas de miope de nacimiento requiriese algún ajuste. Ahí es donde se evidenció la gravedad del problema: padecía una neuritis óptica binocular con un pronóstico de ceguera total en un plazo no superior a seis meses. Cabía depositar la última esperanza en una medicación altamente tóxica, a base de sales de mercurio. Tras un intercambio de correspondencia entre el pediatra y el oftalmólogo, mi madre se enfrentó a uno de los mayores dilemas de su vida: la vista o el hígado de su hija de cuatro años. Con el agravante de que no había seguridad de que la vista se salvase y sí de que el hígado se intoxicara. El resultado para la neuritis se sabría al cabo de seis meses, la intoxicación se puso de manifiesto desde el inicio. Les ahorro la descripción de esos seis meses, dramáticos en cualquier circunstancia, pero más aún en las descritas. Mi padre lejos, mi madre trabajando día y noche, pasando hambre para poder sufragar los gastos de mi enfermedad, el resto de la familia aterrada por la «responsabilidad».

«Y tuvo que ser con nosotras»; «Basta que no esté aquí su padre para que...» y expresiones similares me llevaron a pensar que, salvo a mi madre, al resto de los adultos que me rodeaban les importaba más lo que mi padre pudiera reclamarles que lo que a mí me estaba ocurriendo. Con la mente adulta de hoy, quiero creer que no era así, pero sin duda es como lo percibí.

Así como el río José Luis percibió la orfandad, el falso pero para él real abandono en su paso por Cihuela, así el río Olga lo sufrió con sus problemas de salud en ausencia de su padre.

Con este percance, mis dificultades para integrarme en la casa «equivocada por la cigüeña» se acrecentaron sobremanera. Las deficiencias sensoriales crean barreras sociales menos aparatosas y no tan evidentes que las de las deficiencias motoras, pero nada fáciles de superar. Para las personas sanas es mucho más fácil imaginar la dificultad del que no se puede levantar de su silla que las percepciones del que no oye, no ve, no huele. La sensación de no ser comprendida arraigó en mí desde esa edad tan temprana y me acompañó el resto de mi vida.

El Olga no tuvo el problema de vestimenta con motivo de la primera comunión como el pobre río José Luis frente a su escéptica Odette. Mi entorno era escéptico todo él.

Crecía en un ambiente ateo, ni siquiera estaba bautizada, pero mi casa no era una burbuja ni una celda de aislamiento. Llegado el momento en el colegio algunas niñas se preparaban para tan solemne acontecimiento, algunas con más seriedad que otras, todo hay que decirlo, pero entre las más serias y las más frívolas lograron despertar mi curiosidad por el fenómeno y no poca atracción hacia la parte lúdica. Por ese lado, más que el vestido y los regalos me seducía la idea de la tarta que se ofrecía en la fiesta posterior. Me fascinaba esa construcción piramidal de profiteroles y *choux à la crème*, denominada *pièce montée.* Ante eso, mi madre fue lo bastante inteligente como para no oponerse a que me acercara a mi amiga Marcela, leyera su libro y asistiera con ella a un par de clases preparatorias. ¿Me conocía tanto? ¿Sabía que mi decepción e incomprensión del catecismo sería superior a mi afán por la tarta o simplemente se arriesgó y le salió bien? No pareció extrañarse cuando, triste y resignada, le dije que no, que no podía aprenderme las tonterías del libro de Marcela. Al contrario, me consoló haciéndome ella misma una *pièce montée* espectacular, envidia de todas mis compañeras de clase, especialmente de aquellas que para obtener una parecida tuvieron que aprenderse previamente el catecismo. No era el caso de Marcela, ella era una niña seria, con un físico acorde a su manera de ser disciplinada, obediente, estudiosa y sumisa a la opinión de los mayores. Ella tomaba la comunión convencida, pero a muchas otras, sin duda, era la fiesta, la tarta, el vestido y los regalos lo que las motivaba.

Para ocasiones como ésta y en las fiestas de cumpleaños, mi madre suplía la falta de espacio con el invento de la «fiesta japonesa» que hacía las delicias de todos los niños, los de casa y los invitados. Un día una madre paró por la calle a la mía para preguntarle qué era eso de la fiesta japonesa de la que tan entusiasmados habían vuelto su hija y el niño de la vecina. «Muy sencillo», contestó mi madre, «no tengo sitio, mesa y sillas para todos; extiendo una manta vieja en el suelo, pongo la merienda en el centro, los niños se sientan alrededor y meriendan "a la japonesa"».

Recuerdo que la señora se echó a reír y elogió la imaginación y, sobre todo, el coraje de mi madre. En realidad era una cuestión de dignidad. Éramos pobres, muy pobres, pero no nos acomplejábamos. Nos adaptábamos bien a las circunstancias y los niños, hartos de sentarse a la mesa todos los días merendaban y jugaban en el suelo tan felices.

No sólo la fiesta japonesa, también nuestro árbol de Navidad era paradójicamente el más grande del barrio, con el pequeño inconveniente, eso sí, de que era el último en plantarse lo que incrementaba nuestra impaciencia. Era el árbol del colegio, de la escuela maternal. La directora se lo regalaba a mi madre, tras la fiesta fin de curso, la víspera de cerrar por vacaciones. Allí ya había cumplido su misión, nadie iba a disfrutarlo; en cambio en nuestra casa todavía llegaba a tiempo de atraer a un Papá Noel cansado y agradecido.

Esas pequeñas alegrías y bellos recuerdos constituyen los remansos de paz en el turbulento cauce del río Olga cuyas aguas, además de revueltas, en algunos tramos bajaban contaminadas.

Al infortunio de mi caída le sucedió un largo peregrinaje por consultas médicas. Uno de ellos quiso adoptarme, pero mi madre no lo consintió, se mantuvo firme pese a todas las promesas en cuanto a una mejor calidad de vida de ambas. «A la niña no le faltará de nada, podrá usted visitarla siempre que quiera, no tendrá que matarse a trabajar para costear su tratamiento, la llevaremos a los mejores especialistas...» eran los argumentos reiterados de aquel matrimonio sin hijos dispuesto a quedarse conmigo. Muchas veces me he preguntado qué habría sido de mi vida de haberme quedado en aquella casa preciosa en mis recuerdos infantiles. Habría recibido esa exquisita educación pequeño burguesa de una señorita de provincias tocando el *Für Elise* en el piano que se ve en las películas? Tal vez. Guardo un grato recuerdo de mis visitas a la casa del doctor, pero pese a los bolsillos repletos de bombones y golosinas con los que salía de allí, nunca tuve la menor tentación de quedarme y siempre agradecí a mi madre que no se separara de mí.

Pese a mi corta edad y mi inadaptación al ambiente adverso, la fidelidad a mi padre se mantuvo intacta. Nunca dejé de añorarle. Su ausencia planeaba sobre todos los aspectos de mi vida. Familiares y amigos que se quedaban sin problema con mi hermano, no se atrevían a hacerlo conmigo por miedo a que me pasara algo y «en ausencia de su padre, menuda responsabilidad». Hubo un tiempo en que mi madre me llevaba consigo incluso al trabajo. Pero los lamentos de la familia no llegaban a impresionarme, sólo me contrariaban, yo seguía añorándole por mí misma, por la misma razón que le esperé en la escalera. Vivía para el día del reencuentro y, mientras, quería un papá prestado. Le pedía a mi madre que buscara uno y que cuando volviéramos a estar juntos, éste sería mi tío. Por un lado la inocencia infantil, por otro, ni por lo más remoto podía yo imaginar el drama que estaban viviendo los adultos en relación a la ausencia de mi padre. Al igual que le pasó al río José Luis con su abuela, también yo supe y entendí muchas cosas más tarde, ya con la mente de adulta.

Yo vivía mi propio drama a mi manera. Como

nos gustaba el cine, un día nos llevaron a ver *Robinson Crusoe.* Armé tal escandalera que uno de los adultos se vio obligado a salir conmigo y esperar fuera a que terminara la película, intentando sonsacarme, entre sollozo y sollozo, qué demonios me pasaba. Apareció mi madre y ante la estupefacción de todos, al fin, se me entendió pronunciar «Yo no quiero un papá tan feo». ¿Qué había ocurrido? Durante la proyección, al ver al protagonista ataviado con harapos, pregunté «¿Por qué va vestido tan feo?» y se me susurro al oído «Porque está solo». Esa respuesta desencadenó el drama. Mi padre estaba solo, no estaba con nosotros, de ahí la tremenda deducción. Según la lógica infantil, *si los que están solos visten así y mi papá está solo, es que tengo un padre así de feo y harapiento.* Aclarado el entuerto, se me dieron toda clase de explicaciones que aplacaron mi llanto y permitieron recobrar la calma. Pero mi desgarro fue interpretado como una pataleta infantil que les había fastidiado la función a todos. Naturalmente, volví a dar motivo para que prefirieran dejarme con mi madre y la barrera de incomprensión siguiera creciendo.

Al igual que el río José Luis, también el Olga se percató de que cada persona se hace su propio mundo acoplando, como en un mosaico, piezas del magma ambiental que nos envuelve. Y, curiosamente, también el Olga, a sus ocho años de vida, llegó al borde de una arista rocosa para luego desplomarse en cascada en otro mundo inesperado.

También yo emprendí viaje a esa edad a un país lejano en el espacio y el tiempo, aunque con cierta diferencia en relación a ambos conceptos. Así como el viaje Tánger-Cihuela era un retroceso en el tiempo, del viaje La Seyne sur mer-Ústí nad Labem no sabemos si fue hacia atrás o hacia delante. Si bien se trataba de un viaje al futuro, ese futuro se malogró y el espacio se agrandó por la imposibilidad de retorno. El curso del José Luis le permitió regresar a Tánger, pero el Olga quedó atrapado en tierras frías y lejanas.

Al cabo de cinco años, al fin, llegó el día en que

los avatares políticos de los años cincuenta en los que mi familia se hallaba envuelta, nos permitieron reunirnos con mi padre, asilado en lo que entonces era Checoslovaquia, concretamente en Bohemia, en Ústí nad Labem, una de esas ciudades, cuyos pueblos, los sudetes, afectados por los recurrentes trazados de fronteras después de cada guerra, eran ora súbditos alemanes, ora checos. Ústí era una ciudad industrial a las orillas del Elba al que fueron destinados los exiliados políticos españoles menos capacitados junto con los sancionados. Mi padre había salido vivo de Büchenwald y de varios interrogatorios policiales en Toulouse, antes de ser deportado. Eso era motivo de sospecha, acentuada por la coincidencia de un bajón de actividad del PCE en la clandestinidad con uno de sus interrogatorios en una época en la que la paranoia estalinista veía traidores y enemigos hasta en la sopa. Salir vivo de situaciones en las que otros habían perecido, te convertía en sospechoso de traición y, como la sospecha no se investigaba, el sambenito era automático. Traidor, titista, revisionista, enemigo del socialismo, pequeño burgués. La etiqueta era lo de menos.

Pero a mis ocho añitos, ajena a todo ello, viajaba ilusionada a un país donde *no hay policías malos que pegan y se llevan a los papás de las niñas*. Llegar hasta allí no fue nada sencillo. Tras cinco años de impedimentos, excusas y obstáculos para impedirnos los franceses salir de su país y los checos entrar en el suyo, un buen día, todo se arregló. Milagrosamente, la Cruz Roja Internacional nos proporcionó los pasaportes, visados y billetes. Pero... siempre hay un pero: la mala fortuna hizo coincidir nuestra partida con la huelga de Air France, la más larga de la historia de la aviación francesa hasta ese momento y eso obligó a aplazarla. Pasaban los días, el conflicto no se resolvía y el viaje se posponía una y otra vez. Todo empaquetado, mi madre ya despedida del trabajo, el dinero se iba agotando y la huelga proseguía. En esa situación y ante el riesgo de que también caducaran los visados de entrada en Checoslovaquia, mi madre acudió a una agencia de viajes y cambió los billetes de avión por unos de tren y, finalmente, el 13 de diciembre de 1955 nos despedimos de mis tíos y abuelos y emprendimos el tan ansiado viaje. ¡Menuda aventura, menudos sustos!

Primera escala: Estrasburgo. Hasta ahí todo estupendo, el cansancio por las muchas horas de tren quedaba compensado por la ilusión y las novedades. Mi madre nos llevó de compras para equiparnos con ropa y calzado adecuados para el frío. Las estampas de Estrasburgo quedaron impactadas para siempre en mi retina. Su pavimento, su arquitectura, comida y hasta el aire alsaciano, todo tan distinto de la atmósfera y luminosidad mediterránea. Como el río José Luis en su escala en Madrid, la breve estancia del Olga en Estrasburgo también fue fantástica. A la mañana siguiente, subimos tan felices al tren dispuestos a atravesar Alemania rumbo a Checoslovaquia pero, como suele decirse, qué poco dura la alegría en casa de los pobres. No tardamos en llegar al puesto fronterizo de Kehl donde unos oficiales nos bajaron de muy malas maneras del tren. Según decían, no teníamos los papeles en regla, no se nos permitía seguir. Tras un rato de discusión, como ni ellos convencían a mi madre ni mi madre daba su brazo a torcer y el tren debía seguir, fuimos bajados prácticamente a la fuerza. Sin violencia, pero a la fuerza y conducidos a una oficina donde mi madre siguió discutiendo ante un mostrador alto mientras, yo, con una mano aferrada a mi muñeca y con la otra agarrada al muslo de mi madre, asustada, intentaba adivinar por qué ese hombre tan severo no nos dejaba ir en busca de mi padre. Al otro muslo se agarró mi hermano no menos asustado que yo. Finalmente, supimos que en la agencia de viajes cambiaron los billetes, pero no advirtieron de que por vía terrestre, se necesitaba un visado de tránsito para cruzar Alemania, aunque innecesario para sobrevolar el espacio aéreo, por lo que carecíamos de él. Las autoridades francesas estaban firmemente resueltas a devolvernos a nuestro punto de origen y mi madre se negaba con no menos firmeza aduciendo no tener ni dinero para los billetes ni lugar adonde regresar. Al presentir el peligro, mi hermano y yo agarrados a las faldas de mi madre, cada uno de un lado, empezamos a llorar, pero el francés no se ablandó. Difícil olvidar su mirada y sus modales.

Paradójicamente, fue el oficial alemán quien mostró algo de humanidad y predisposición a ayudarnos, aunque inicialmente nada inducía a pensar que estuviera de nuestra parte porque nos detuvo. Le dijo a su colega francés que ya se ocupaba él y nos condujo a un retén, un cuartelillo, una especie de comisaría de estación con varias literas y una señora mayor, o que a mis ojos infantiles se antojaba mayor, como vigilante. La señora, supongo que sería una funcionaria de la policía aduanera o algo parecido, sólo hablaba alemán. Obviamente no era un lugar acogedor, pero tampoco terrorífico y como éramos los únicos detenidos (o retenidos, los juristas sabrán) no sufrimos ni hacinamiento ni falta de intimidad. Mi madre se mantuvo serena, nos arropó y durante todo el tiempo de nuestro encierro, no dejó de repetirnos como un disco rayado la frase de: «Diga mamá lo que diga, vosotros oír, ver y callar». Ya más calmada, jugué con mi muñeca, escribí una carta a mi padre, incluso recuerdo haberme divertido ante los escaparates y la decoración prenavideña cuando la funcionaria nos sacó a tomar el aire por orden del oficial que vino a inspeccionar si todo estaba en orden. Cerca de la estación había tiendas y, aunque el objeto de la salida no era distraernos, sino tomar el aire y garantizar la movilidad, ni yo tenía conciencia de estar presa ni ella debía de ser tan desalmada. Me metía prisa en alemán y yo le señalaba lo que me gustaba en francés. La parada forzosa en espera de un papel —así nos la explicó mi madre— había perdido su dramatismo y era percibida en mi inocencia como una aventura más.

Pero al día siguiente mi madre transmitía tensión y preocupación disimulada, miraba el reloj, esperaba con impaciencia la visita del oficial que no apareció. La señora nos explicó algo, pero no la entendimos y era difícil interpretar la ausencia de aquel hombre en el que mi madre parecía haber puesto sus esperanzas. ¿Nos había abandonado a nuestra suerte? ¿Vendrían a detenernos y llevarnos a una cárcel de verdad? Allí no nos podíamos quedar, aquél sólo era un sitio para retener provisionalmente a los «sinpapeles», de ahí o subíamos a un tren que nos permitiera continuar viaje o quedábamos detenidos, incluso expulsados. Mi madre lo sabía, de ahí su inquietud. Al tercer día de madrugada, casi en el límite del tiempo legal permitido para la retención en frontera, el oficial apareció, le dijo algo ininteligible a la señora y le susurró a mi madre que nos diéramos prisa, que en media hora salía un tren hacia Checoslovaquia al que podríamos subir, que él estaría en el andén y nos entregaría los papeles.

No tardamos nada, nuestras cosas estaban listas

desde la víspera, a mi madre no le costó nada despabilarnos y poco antes de las cinco de la mañana, antes de que entrara el oficial francés que nos bajó del tren dos días antes, estábamos en el andén. Pero el periplo de la detención no había acabado, aún me faltaba un gran disgusto. Al recibir los papeles, mi madre, tras repetirnos una vez más lo de «Diga mama lo que diga, haga mamá lo que haga, vosotros oír, ver y callar», sacó del bolso de viaje una preciosa caja de bombones y se la entregó al oficial para sus niños. Obedecí, oí, vi y callé, mientras sentía morirme de pena. Esa caja de bombones me la habían regalado unos amigos al enterarse de que nos íbamos. Yo decidí esperar para compartir los bombones con el tan añorado papá cuando llegáramos. La huelga de aviación puso a prueba durante tres semanas mi capacidad de resistir la tentación de abrir tan llamativa caja. Era extraordinaria, jamás había visto una igual, pero no, no la abriría, no probaría ni un solo bombón sin mi papá. Y ahora mi madre se la daba a ese señor y yo tenía que oír, ver y callar. Sesenta años después aún me emociona recordarlo.

Más tarde supe la verdad. Efectivamente, la agencia de viajes a la que acudió mi madre para cambiar los billetes de avión proporcionados por la Cruz Roja ni le tramitó ni le advirtió de la necesidad del visado de tránsito. El viaje llevaba cinco años gafado y así continuó hasta el final, hasta la llegada a nuestro destino, pero en medio de tanta desventura tuvimos la inmensa suerte de que el día en que nos tocó cruzar la frontera franco-alemana fuera ése y no otro oficial aduanero alemán quien estuviera de guardia. Además de buena persona, era un alemán sudete, con una historia antinazi y cuya familia fue expulsada en su día precisamente de las tierras adonde nos dirigíamos. Era también padre de tres hijos. Es decir, al presenciar la escena en la que su colega francés se empeñaba en impedirnos seguir viaje, su propia historia y circunstancia le permitieron solidarizarse con mi madre. Él nos consiguió esos visados de tránsito y si tardó más de lo previsto en aparecer con ellos fue para evitar coincidir en turno con su colega francés a quien, en cierto modo, desautorizaba con su actuación. También telegrafió a la Comandancia de Cheb (la frontera entre Alemania y Checoslovaquia) para que, desde allí, se avisara de nuestro retraso a la estación de Ústí nad Labem donde mi padre esperaba nuestra llegada. Así se explica que diera orden a la señora para que sacara a los niños a pasear. Claro, tenía que hablar con mi madre, tranquilizarla y ultimar con ella los detalles, sin que nadie se enterase. En realidad se la estaba jugando por nosotros con una actitud casi clandestina. Es comprensible que mi madre, agradecida, aliviada, y en justa correspondencia le regalara al despedirnos, los bombones destinados a mi padre. Todo esto lo sé ahora, lo supe más tarde, pero entonces sólo sabía que el tesoro guardado con amor durante tres semanas para mi padre, se lo llevaba un señor uniformado para sus hijos, por decisión de mi propia madre y yo sólo podía oír, ver y callar.

Oír, ver, callar y subir nuevamente al tren con un nudo en la garganta y abrazada a mi muñeca como único consuelo. Por suerte, el alivio al arrancar el tren aplacó las penas.

Pero ahí no acabaron las angustias. El incidente en Kehl trastornó el plan de viaje inicialmente trazado. Abandonado el tren original, del que nos bajaron, también se perdieron las reservas para los enlaces. El plan de ruta, con los horarios y estaciones de transbordo, se había ido al traste. Viajábamos sin plaza reservada, sin conocer trayectos y horarios y, lo que es peor, sin saber el idioma, en consecuencia, sin poder preguntar ni entender las indicaciones acerca de cambios de vagón o de tren. Lo que estaba claro al salir de Estrasburgo, se tornó en galimatías indescifrable a partir del momento en que el oficial alemán nos subió a otro tren unos días más tarde. Cada vez que algún revisor nos soltaba una de esas parrafadas incomprensibles yo agarraba fuerte mi muñeca y me echaba a llorar, presa del pánico. En una ocasión, nos costó entender que no todos los vagones tenían el mismo destino y si bien habíamos subido al tren adecuado, no así al vagón que correspondía a nuestro destino, intentaban explicarnos que si no nos cambiábamos, a partir de un determinado punto, nuestro rumbo sería otro. Al ver que nos asustábamos pero no nos movíamos, finalmente, antes de llegar a la estación en que todo se hubiera torcido, una alemana fortachona agarró nuestras maletas e hizo ademán de seguirla. Al fin, comprendimos.

Algunos momentos de ese viaje resultaron tan aterradores como el segundo tramo del río José Luis a Cihuela. Nuestro último recorrido, ya en tierras checas, lo hicimos en un tren de tercera, cuarta o enésima categoría, uno de esos con asientos de madera, sin compartimentos y con una estufa de carbón en el centro para caldear el vagón. En principio no viajaban pasajeros normales en él, más bien cumplía la función de trasporte de empresa para los mineros del turno nocturno. Mi madre, una señora aseada viajando a altas horas de la noche con dos niños, para colmo los tres vestidos a la occidental... parecíamos una mosca en un vaso de leche en medio de aquellos hombres de aspecto rudo, ataviados con ropa de trabajo y sin haber pasado por la ducha, que nos miraban extrañados. Alguno intentó acercarse y hacernos gracia para distendernos, pero como no entendimos nada, yo seguí compungida hasta que, por fin, en la madrugada del 17 de diciembre de 1955, traspasado el telón de acero, bajábamos en la estación de Ústí nad Labem donde nos esperaba mi padre y un amigo para ayudarnos con el equipaje. Sin embargo, me faltaba el último susto.

En aquella época los países del Este eran el paraíso de la infancia. La educación, protección y cuidado de menores eran valores sagrados. El Estado actuaba como un padre protector por encima de la familia biológica. En virtud de ello, existía algo parecido a un toque de queda: los menores no debían estar en la calle pasadas las ocho de la tarde, a esas horas debían estar en la cama o a punto de acostarse para estar en condiciones de madrugar y rendir al día siguiente en el colegio. Pero nuestro tren carbonero llegó de madrugada, creo recordar que sobre las dos. Al poco de salir de la estación, habríamos andado unos cien metros tal vez, se nos acercan dos policías. ¡Tres adultos y dos niños por la calle a esas horas, en una fría noche de invierno! ¡Qué barbaridad! Nuevamente aterrada, asida a las faldas de mi madre y apretando con fuerza la muñeca contra mi pecho. Y una vez más la explicación simplista de «aquí los policías son buenos, están para protegernos, para cuidar de nosotros, no para llevarse los papás de las niñas». En efecto, no hubo mayores problemas, supongo que las maletas, los pasaportes y nuestra vestimenta sirvieron de coartada eficaz.

Y tras cuatro noches, al fin, una cama calentita y confortable en casa de amigos, españoles exiliados que nos acogieron mientras las autoridades nos proporcionaban la que sería nuestra vivienda.

ÚSTÍ NAD LABEM

Tras casi cinco días de viaje plagado de sustos y emociones para recorrer los mil y pocos kilómetros que me separaban de mi padre, también mi río se estancó. También yo caí en otro mundo, en otro tiempo, en un paisaje opuesto al conocido hasta entonces y tuve que asimilar usos y hábitos bien distintos a los acostumbrados.

Mi primer recuerdo en esas tierras frías, el abrazo con mi padre al despertarme a la mañana siguiente, en realidad a las pocas horas de nuestra llegada, se grabó en mi retina y memoria con idéntica intensidad que el de su deportación cinco años atrás. Es la única vez que he visto rodar lágrimas por sus mejillas. Tras sobrevivir a dos guerras seguidas, varios campos de concentración franceses y uno nazi, el hombre que había soportado palizas en comisarías sin perder la dignidad, lloraba ahora al abrazarse a su hija. La emoción me produjo un hemorragia nasal de la que no me había percatado, mi sangre se mezcló con sus lágrimas y, al verlo, por un momento creí que mi padre lloraba sangre. Me aparté asustada y ambos nos echamos a reír al ver lo que realmente sucedía. Mi madre taponó mis fosas nasales.

El llanto junto al sangrado no era sino una metáfora de lo que nos esperaba. Por un lado la inmensa alegría de recuperar a mi papá, «mi papanito», como me había referido siempre a él durante nuestra separación. Por otro, las no pocas dificultades de adaptación, «construir el socialismo» en tierras frías, oscuras, y tan alejadas de mi abuela y mi primo. También ellos me enviaban cartas y algún paquete, como la madre del río José Luis a Cihuela, pero tampoco ellos podían imaginar siquiera el mundo al que nos habíamos trasladado. Era el mundo con el habíamos soñado, era el mundo igualitario que nos haría libres. Ellos quedaban en la pobreza, nosotros nos íbamos a vivir bien. ¿Cómo iban a entender nuestras carencias? ¿Cómo podían suponer que serían ellos a nosotros y no viceversa los llamados a enviar paquetes? Podían entender que tuviéramos frío porque lo hacía, pero no que pidiéramos a mi abuela una de esas toquillas de lana tan bonitas que solía tejer.

Allí todo tenía su cara y su cruz, todo era, pero no era. O así resultaba para mi madre y para mí, recién llegadas del cálido y luminoso Mediterráneo. La infancia tenía muchas oportunidades, podía circular sola por la calle, lo permitía la seguridad ciudadana y el sentido de responsabilidad general de los adultos hacia los niños, fueran suyos o ajenos. Era fantástico poder entrar y salir libremente, pero no lo era; lo habría sido, si no fuera por el frío. ¿De qué me servía esa libertad de movimientos si tan sólo con asomarme a la ventana ya se me quedaba la nariz congelada? Me recuerdo llorando y gimoteando quejicosa «aquí es como estar siempre castigada». Para colmo, aquél fue un invierno especialmente duro. De los que pasan a las estadísticas. Las nevadas más intensas, las temperaturas más bajas, mayor escasez de combustible, desabastecimiento debido a las heladas, problemas en hospitales, escuelas cerradas durante algunas semanas. Todo lo que hoy sólo es noticia de telediario, fue una vivencia tremenda para unas criaturas indefensas venidas de tierras templadas y nada preparadas para aquellos rigores.

Los lugareños disfrutaban de la nieve y el hielo. Yo no, yo me caía y encontraba el hielo frío y duro. El río Olga se heló.

Los lugareños estaban preparados. Sus casas disponían de sótanos debidamente acondicionados a modo de almacén para víveres en los que en septiembre u octubre, mucho antes de que el hielo y la nieve convirtieran las calles y carreteras en auténticas pistas de patinaje, no aptas para el transporte terrestre, cada vecino se hacía con las suficientes provisiones de carbón, patatas y manzanas para todo el invierno. Nosotros no. Nosotros llegamos ahí en pleno invierno, apenas una semana antes de Navidades, ignorantes de tales condiciones de vida, aunque de poco habría servido conocerlas porque en diciembre ya estaba todo helado y nuestro trastero vacío. Nos encontramos desprovistos de lo más elemental, sin patatas, sin manzanas y, sobre todo, faltos de combustible en una casa recién pintada cuyas ventanas nadie se atrevía a abrir, pese al fuerte olor que a todos molestaba. La enorme estufa de cerámica refractaria no pasaría de ser un mero objeto decorativo si no conseguíamos carbón. Para intentar remediarlo, mi madre y yo nos fuimos con un trineo prestado en busca de unos sacos de carbón. Salimos de casa ufanas, pero la mirada compasiva del carbonero cuando, al fin lo encontramos, nos hizo tomar conciencia plena de la dificultad de nuestra hazaña. Volvimos como pudimos, esforzándonos en acompasar nuestros movimientos al tirar del trineo para no resbalar. Felizmente, logramos llegar a casa sin caernos demasiado, sólo lo justo e inevitable y, lo más importante, sin fracturarnos nada para, al fin, poder encender esa maravillosa estufa típica de aquellas latitudes que nos deslumbró al entrar en la casa. Tuvimos que repetir varias veces ese viaje a lo largo del invierno y hacer largas colas para conseguir unas patatas. Fueron unos meses duros, sufrimos mucho e incluso llegamos a enfermar, pero aprendimos la lección. Al año siguiente nuestro sótano fue el primero en estar bien provisto desde mediados de septiembre.

Finalmente llegó la primavera y con ella el deshielo. Aprendí el idioma y saqué el curso sin necesidad de repetir, pese a las diabólicas declinaciones de sustantivos y adjetivos de las que no escapaban ni los nombres propios y apellidos, con nada menos que siete casos. Eso me permitió comunicarme también con mis compañeros de colegio y vecinos, ampliar horizontes más allá del círculo cerrado de los españoles exiliados y sus hijos. Pero, además, como el río José Luis en Cihuela, pude huir del frío refugiándome en la lectura. No sin dificultades por mi deficiencia visual, pero como los libros infantiles suelen editarse con un tamaño de letra apto para cegatos, pude pasar muchas tardes entretenida cerca de la estufa mientras los demás disfrutaban de la nieve y el hielo a los que yo nunca llegué a adaptarme.

Al verano siguiente, prácticamente a la misma edad en la que el río José Luis, acompañando al Jalón, llegó al Ebro y quedó interno en el prestigioso Colegio de El Salvador de Zaragoza, el mío, mi río, acompañando al Elba y obligado por la grave enfermedad de su madre, ingresó en el orfanato situado en una pequeña aldea cuyo nombre no recuerdo.

En mil novecientos noventa y siete, en Alhama de Aragón, acompañando nuevamente al Jalón, los ríos José Luis y Olga confluyen y se diluyen en el río MUSA (Minusválidos Unidos Sin Aditivos, también Sociedad Apañada, según el día, el humor y el auditorio).

El MUSA resultó un río tan extraordinariamente limpio, plácido y navegable que tres años más tarde, José Luis Sampedro, en su conocido afán de «entrar más adentro en la espesura» me propuso describir el curso de nuestros ríos. Le llamaba la atención que dos personas con pasados e historias tan distintos pudieran encajar tan bien. Yo compartí con él la reflexión y el deseo de averiguarlo, pero, como se explica en la introducción, por diversas razones, el proyecto no se materializó. Al encontrar ahora el inicio de su parte del trabajo, la he completado, siguiendo su mismo esquema y llegando hasta la misma edad que llegó él. Continuar ahora sería inapropiado por mi parte, pero también lo sería privar al lector del texto de José Luis Sampedro sobre su infancia.

Mi gran sorpresa ha sido descubrir que, después de todo, sólo el escenario y decorado eran realmente diferentes. En el fondo muchas de nuestras vivencias infantiles, pese a enmarcarse en contextos muy distintos, fueron procesadas de manera muy parecida y ambos encontramos la salvación en las letras. Llegar a esa conclusión me lleva a lamentar doblemente no haber concluido estos relatos en su momento.

OLGA LUCAS

SEGUNDA PARTE

SALA DE ESPERA

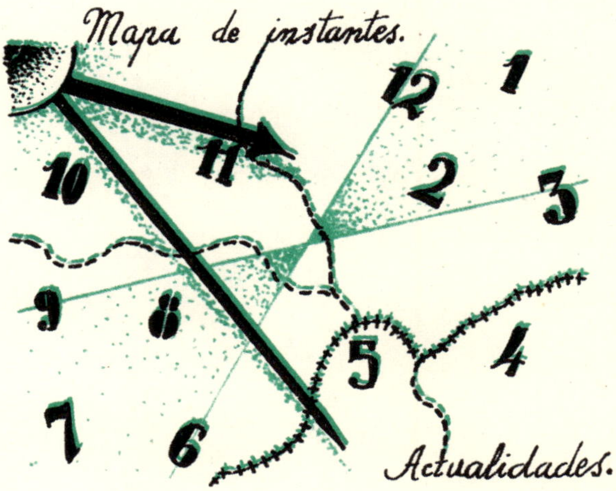

El otro proyecto en el que José Luis Sampedro puso mucho empeño durante los cinco últimos años de su vida, tuvo varios títulos: *Con mis propios ojos*, *Sala de espera*, *Collar de cavilaciones*, *El rayo verde*. Puede que alguno más que yo no recuerde, pero estos cuatro enunciados expresan tanto las circunstancias como la intención del autor.

Pasados los noventa es normal sentirse en la *Sala de espera*, pero hay muchas maneras de esperar. La suya era una espera serena pero activa. Por razones obvias, más activa en lo intelectual que en lo físico. Su físico iba decayendo, pero su capacidad analítica, su lucidez y afán de comunicación se mantuvieron intactos hasta el último suspiro en el que, tras beberse un campari y dar las gracias por ello, se durmió para no despertar, con su bolígrafo y bloc de notas al lado.

Hasta entonces estuvo *cavilando* y engarzando esas cavilaciones en un *collar*. Le preocupaban sobremanera los problemas sociales, el devenir de la civilización occidental que veía en su ocaso y, muy especialmente, la necesidad (y ausencia en muchos sectores) de pensamiento crítico.

Consciente de que su palabra tenía el altavoz del que otros carecían, sentía la responsabilidad social de transmitir su visión, pero sin sentar cátedra. *Con mis propios ojos* refleja ese sentir suyo, su concepción del trabajo intelectual desde la humildad y respeto. *Les ofrezco lo que veo con mis propios ojos, por si les sirve, pero ustedes miren con los suyos,* fue siempre su actitud como docente y como pensador.

El rayo verde alude, por un lado a la brevedad pretendida y por otro a las revelaciones y descreencias al final de una vida. «El rayo verde solar dura poco. Mi texto también. Lapidario, si puedo», anotó al respecto.

Pese a su empeño y especial interés, este libro no llegó a ver la luz, en parte por su maltrecha salud y, en parte, porque el ritmo de los acontecimiento le llevaban a replantearse el enfoque y a revisar sus ideas, lo que implicaba empezar de nuevo una y otra vez. El ejemplo más claro es el de la barbarie. Durante años la estuvo denunciando con vehemencia, pero un buen día cayó en la cuenta de que la barbarie precede la construcción de lo nuevo, que la vida construye destruyendo y destruye para construir. Ese descubrimiento lo tuvo deslumbrado durante unos días y a la luz del mismo revisó todo lo sostenido hasta ese momento.

Apuntaba las ideas en libretas, blocs y cuadernillos a las que daba vueltas y más vueltas, incorporando las preocupaciones que le producían las noticias. A diferencia de otros libros, éste le hacía sufrir más que disfrutar y, finalmente, falleció dejando sus cajones repletos de anotaciones, disculpándose por no haber logrado ponerlas en claro y pidiéndome que publicara yo lo que me fuera posible descifrar. Sin embargo, me parece más honesto limitarme a reproducir aquí únicamente los folios que él mismo dejó escritos y obviar la reconstrucción de sus notas que, por sus características, resultaban muy útiles para su autor, pero que podrían ser traicionadas o alteradas por las ideas propias o por una errónea interpretación de quien intente recomponerlas.

El texto reproducido en este volumen bajo el título *Sala de espera,* sin más correcciones que las tipográficas, lo desarrolló en su retiro invernal en la Costa del Sol.

OLGA LUCAS

SALA DE ESPERA

Por fin he llegado a recalar en esta Sala de espera, ya definitiva cuando se han cumplido los 90 años. Todos estamos siempre en una, desde luego, y podemos ser llamados para el despegue, como en los aeropuertos, pero no se suele pensar en ello salvo una minoría que lo vive angustiada. Yo me siento sereno, satisfecho de haber dejado fuera casi todo, para concentrarme a gusto en mi permanente afán: hacerme quien soy. Aprendiz del vivir embarcado en el viaje hacia mí mismo. Y está casi acabada la figurilla; no queda tiempo para novedades.

Así lo pensaba yo cuando, para mi sorpresa, a poco de instalarme aquí descubrí un error de gran alcance en una de mis creencias más arraigadas. Hacía ya cuarenta años que no me había afectado una sacudida comparable. Sin duda la intensidad con que logro concentrarme en este retiro facilita el vuelo de la mente y la lucidez introvertida. Buen motivo para sentirme a gusto y para avanzar a mi encuentro, por el camino de las verdades vitales.

No es extraño que, durante años, pasemos junto a esas verdades sin reconocerlas, porque descreer correctamente es mucho más difícil que asumir creencias. Éstas nos son suministradas en abundancia por fuentes que presumimos fiables, sobre todo en la niñez, cuando aún carecemos de sentido crítico. Salimos de la infancia prácticamente programados y después seguimos siendo acosados con «instrucciones generales», lo cual será muy útil para el llamado orden social, pero muy restrictivo para desarrollar vidas personales, cuyo florecimiento exige elegir cada cual sus verdades propias. Ya sé que a esta opinión la llaman relativismo, y que está condenada hasta con penas infernales, pero yo no soy supersticioso. Pues, además, los que así condenan lo hacen por pensar lo contrario; es decir, por ser absolutistas. Algo para mí mucho más grave porque tiende siempre a imponerse obligatoriamente, en contra de la libertad de pensar.

Las descreencias, desmentidoras de los mensajes recibidos, son actos voluntarios y conscientes, en vez de las pasivas aceptaciones. Por eso tienen más valor y las recojo con mayor provecho. En mi situación ya definitiva he coleccionado unas cuantas, algunas de las cuales han resultado extrañas o chocantes a buenos amigos lectores. Por eso, y aunque yo esté equivocado —no tengo la verdad en el bolsillo sino sólo mis verdades— he pensado en publicarlas por si pueden resolver las dudas de alguien o, al contrario, reafirmar sus propias ideas. Este libro, breve pues sólo trata de llamar la atención más que demostrar, es el resultado de mi decisión.

Para facilitar la comprensión de estas brevedades, ofrezco ahora un perfil del individuo que las expresa. Mi intención es que sean valoradas teniendo en cuenta la carga que llevan de mis inclinaciones personales pues, no siendo imparcial —nadie lo es—, cuanto afirmo puede responder en parte a tensiones viscerales más que a objetivos razonamientos. Me parece honesto declararlo así y que cada cual utilice mi información en su provecho, si le merece la pena.

Para empezar, mi infancia transcurrió en Tánger: un ambiente internacional con tres grandes religiones conviviendo, más otras culturas menores. Todo ello vivido hasta mis trece años, me hizo sin saberlo relativista; es decir, acepté con naturalidad que otros tienen creencias distintas de la mía pero totalmente válidas para ellos. Siguieron tres años en un medio distinto, pero verdadero paraíso para un adolescente con los jardines y palacios dieciochescos, los de Aranjuez. Después, como dócil hijo mayor de una familia mesocrática orientado a trabajar para subsistir, recurrí a la estereotipada solución de ganar unas oposiciones para funcionario del Estado. Así me situé, para empezar mi vida personal sobre los raíles de un tren bien rutinario.

Pero todo saltó por los aires. La sublevación de los militares españoles en 1936 hundió para siempre el mundo anterior. Desde entonces soy un inmigrante en el tiempo (no sólo hay migraciones espaciales), sin esperanza de retornar a mi origen —la España de 1935— porque desapareció como la Atlántida. Y el vuelco que sufrió mi vida se aprecia por el hecho de que el niño que a los diez años quería ser jesuita (influencias de un año en un colegio de la orden) se encontraba a los 20 en las filas del ejército del norte de la República española, encuadrado en el batallón anarquista 109 de la XIV Brigada.

Ni mis ideas ni educación prometían unirme a aquellos hombres y, sin embargo, me conquistaron pronto: así eran de iluminados, honestos y enterizos. No es que yo aceptase del todo sus creencias, pero sí abrieron tales brechas en las mías que de entonces datan muchas de mis principales descreencias sobre el orden social que me habían presentado casi como decretado por los cielos. Para remachar mi aprendizaje sus revelaciones se vieron casi todas confirmadas cuando la victoria franquista en el norte me capturó para la España nacional-catolicista triunfal. Siguieron treinta años viviendo la doble vida de los disidentes en todas partes, como vivían los cristianos en la Roma de Nerón: de día visitando enfermos, pleiteando en el Foro, trabajando en talleres y en otras tareas para la subsistencia; de noche en las catacumbas, alentando la esperanza. Fundé una familia, obtuve una licenciatura, trabajé en un banco, publiqué textos científicos y también novelas, viajé al extranjero como quien respira libertad a la vez que oía radios clandestinas, leía libros prohibidos, difundía noticias y rumores, me unía al europeísmo contra el régimen interior. Me sentía cada vez más el inmigrante incapaz de integrarse en aquel ambiente ranciamente cuartelero. Mis estudios de economía me mostraban la falsedad del desarrollo económico emprendido; mi humilde creación novelesca tenía por modelo los grandes autores del siglo anterior. «Esto tendrá que acabarse algún día», nos decíamos por toda esperanza los insumisos, sobreviviendo entre el asco, el desprecio y la resignación.

Para mí se acabó antes de la esperada muerte, cuando, hace cuarenta años me deslumbró de golpe la revelación aludida en líneas anteriores. Estalló en el París de 1968, en un muro del Odeón y entre un hervidero de consignas incandescentes. Fue la rebelión juvenil de los estudiantes la que estampó estas palabras escandalosamente arrolladoras:

¡QUE PAREN EL MUNDO,
QUE ME APEO!

Me convertí en el acto a ese programa. Claro que no podía yo parar el mundo, pero sí apearme con mi resistencia pasiva de la sociedad asfixiante que me consumía. Así es que dejé, abandoné la columna humana en su marcha histórica hacia el desarrollo inaceptable y me quedé sentado en la cuneta, viéndoles pasar con sus chirimbolos y sus ilusorias banderitas. La muerte además acababa de dejarme sin mi compañera y, con mi decisión de vivir a solas, no comprometía a nadie. Me concentré en hacerme quien soy, en mis pensamientos y mis escritos, y dejé pasar las novedades. Ni siquiera las múltiples innovaciones de la técnica aun tributándoles la admiración que merecen me excita deseos de unirme con ellas a la multitud. He vivido años y años sin televisión y si uso el ordenador es sólo como máquina de escribir, ya jubiladas las anteriores. Estas mismas palabras las voy ordenando a mano, acariciando con mis dedos el papel.

El inmigrante, en fin, se ha quedado cada vez más de su tiempo y lo declaro lealmente para avisar al lector, por si eso le basta para desistir de seguir leyéndome. En mi concepto ese anticuamiento deliberado me venía salvando de participar en la creciente barbarie colectiva, que está reemplazando el orden civilizado en el sistema occidental. Esa barbarie, estallante ya en los crematorios hitlerianos y en las purgas estalinianas, se hundió tan abismalmente en 2003 por la agresión a Irak que no pude evitar reaccionar publicando un libro en el que comparo a los modernos invasores con los mongoles en Bagdad durante el siglo XIII. No es que antes no hubiera desafueros, pero se guardaban las formas y eso mostraba un respeto a la razón. Ahora el cinismo ostentoso sustituye a la hipocresía.

He escrito y hablado en estos últimos años condenando a la nueva barbarie o tecnobarbarie, que sólo se distingue de la antigua por su muy adelantado nivel técnico. He comparado el desmoronamiento de la civilización occidental —ya anunciado por mejores autores hace años— con la desintegración del Imperio romano y sus consecuencias ulteriores durante la época europea llamada «de los bárbaros». Pero sólo ahora y aquí, en el hondo silencio de esta Sala de espera, he llegado a darme cuenta de cuán grande era mi error, al no comprender el sentido positivo de aquella barbarie y de todas las demás en el escenario de la Historia. ¿Cómo no percibí antes que la vida, como su propio dios Shiva, nunca retrocede sino crea destruyendo y destruye creando. Aquellos Atilas, Alaricos, Odoacios, Childericos fueron las piedras sillares sobre las que saltó el esplendor creativo de Carlomagno y, después el sistema feudal durante varios siglos europeos. Para construir sobre ruinas es preciso empezar retirando los escombros que impiden iniciar la obra. De igual modo la Vida crea cuando destruye y, a la inversa, ahora destruye el estilo de Occidente dejándole seguir insistiendo en el desarrollo insostenible, que sólo puede conducir a la desintegración del sistema.

Ahora, iluminado yo por la secreta luz invisible de mi Sala de espera, destruyo mi arraigada creencia, implantada interesadamente en mi infancia por los absolutistas del Orden (el suyo): la noción de que los bárbaros fueron destructores puramente negativos. Con mi exultante y nueva descreencia —la primera que ofrezco al lector— incluyo, a quienes transforman la decadente Roma en la naciente Europa, entre los revolucionarios, disidentes, marginados y demás mutantes al servicio de la Vida. Gracias a sus esfuerzos, Ella impulsa en constante diversificación de la complejidad, es decir, de nuevas formas para la manifestación creativa de la Energía. Ahora contemplo con desprecio los destinos de tantos dirigentes actuales, que creen estar pilotando la nave hacia su grandeza cuando su rumbo la lleva a una dársena de desguace. Allí no se hundirá bajo las olas, pero sí la ocuparán otros timoneles y será completamente reconstruida. Gracias a mi descreencia puedo ahora mirar hacia el futuro —el que sea tierra— con la esperanza de que la barbarie sirva una vez más como impulsora del seguir adelante.

Escribo con mejor ánimo. Sabiendo que me equivocaré todavía más de una vez y que también asomarán mis ignorancias, pero con la ilusión de aportar algo a la operación del desescombro. Será insignificante pero insisto en hablar porque hasta al menos importante de los reos le conceden los jueces la palabra antes de sentarle en la sofisticada silla eléctrica creada por la civilización estadounidense.

LA ESPECIE HUMANA

Mi Sala de espera es una de las celdas de un antiguo convento construido por monjes medievales en plena montaña, a una altura que les acercaba a Dios y les distanciaba de la aldea en la playa, con su mundanal ruido. Hoy la entonces villa de pescadores es un laberinto de urbanizaciones turísticas y veraniegas, con su puerto deportivo, pero los promotores apenas han empezado a escalar la montaña con edificios y mi retiro sigue en el silencio de los susurros campestres. Aunque no hace frío en el antiguo refectorio, hay salón de convivencia casi siempre desierto, agradezco una deslumbrante fogata en la monumental chimenea, frente al conservado púlpito para el monje lector.

Anochece. Sobre los troncos encendidos un camarero apila dos brazadas de sarmientos secos, que en el acto arden restallantes como alambres de cobre al rojo. Las llamas se reavivan, infinitas chispas suben con el humo o escapan de la fogata en parabólicos saltos, cayendo en las losas del hogar. Es el Cosmos en miniatura: el gran hueco de la campana de piedra acogiendo la energía en combustión, encendiendo los troncos, creando ascuas como rubíes, antorchas, brasas, carbones, cenizas y una pirotecnia de chispas liberadas. Los innumerables componentes del mundo: cordilleras y océanos, árboles y máquinas, hombres y bacterias. El hombre que escribe estas líneas es, sencillamente, una de esas chispas, ya en su ocaso. «El puesto del hombre en el cosmos», se titulaba un libro de mi tiempo. Y eso somos: un momentáneo corpúsculo, material biodegradable para el perpetuo reciclado. Un infinitésimo de energía, en fin. Pero hablante.

Esa visión de la especie humana no es la que me

inocularon en escuela y me reiteraron después. El hombre es presentado como un ser excepcional y superior a todo lo demás, porque Dios creador insufló un alma inmortal, y sólo a él y a esa especie, entre todo lo existente. Por eso el privilegiado ser se siente dueño del mundo y protagonista de la realidad. Mi aprendizaje de la vida me hace imposible creer esa versión.

Mi descreencia se centra en el tema del alma, con la que me ocurre lo que al niño en el cuento de Anderson «El traje del emperador». El emperador, víctima de un engaño, apareció ante su corte creyendo ir vestido con una tela tan fina y exquisita que ni se la notaba puesta, y cuando admiraban su elegancia, un niño le gritó que iba desnudo. Pues bien, yo estoy con el niño: el alma debe de estar hecha de aquella misma tela y yo no la veo ni sé que nadie haya demostrado su existencia, como se demuestra la de otras realidades. Más adelante ampliaré mis argumentos para descreer. Muchos lo creen y sus motivos tendrán. Yo no los tengo y, por respeto a mi uso de razón, debo prescindir del alma.

En consecuencia, la especie humana me parece la más compleja y avanzada de las animales, la cumbre actual de la evolución desde la célula. Con la importante diferencia, y ése sí es un gran salto cualitativo, de que se ha dotado en sus progresos del uso del lenguaje articulado.

La palabra es lo eminentemente humano; lo que verdaderamente nos distancia de los simios, a pesar de que estamos genéticamente tan próximos. De esa creación humana, fruto de lentos y esforzados programas trataré también, con más detalle. Por ahora subrayaré sólo algo tan evidente como que el lenguaje, al elevarse a un nivel simbólico con la escritura, permitió la conservación y acumulación de conocimientos, base de las ciencias y del progreso técnico. Hoy el ciudadano de los países avanzados vive en un medio mucho más humanizado que el natural y erigido por el esfuerzo humano. La ciudad misma moderna es una clara expresión de ello y ha dado a este estilo de vida el nombre de civilización. Además el lenguaje ha permitido inventar todo un mundo puramente mental, imaginario, simbólico que no por ser intangible está hecho de castillos en el aire, sino que ejerce una influencia muy real en las vidas humanas, porque influye en los motivos y causas de las decisiones; la mente, creada y alimentada por el cuerpo (son un solo ser) es organizadora, promotora y controladora en gran parte del conjunto. Es la punta de lanza. Su materia es la palabra, pensada, oral o escrita. Sus productos son las emociones, sensaciones, imaginaciones, ilusiones, creencias. Hay una **verdad mental** como hay una **verdad corporal** y otra física. A veces esta última más objetiva, se resiste a la voluntad de la primera (un ayuno excesivo, una velocidad exagerada) violentando la sensibilidad. Los derechos, por ejemplo, y más aún los valores son, en su mayor parte, conclusiones del pensamiento que condicionan nuestras reacciones y nuestras conductas. Como expondré, el mundo tiene más versiones que la originariamente física, y las construcciones mentales originan realidades tangibles.

Necesito ahora, dejando aparte lo mental, referirme al cuerpo, pues otra descreencia mía está en no aceptar la dicotomía de mente y cuerpo y, mucho menos aún, el menosprecio del cuerpo, al que tanto ha contribuido y contribuye el dogma católico. La superioridad de la mente, elevada a veces a «espíritu» y la subordinación del cuerpo están tan arraigadas en la opinión común que son frecuentes frases como ésta: «Yo tengo derecho a usar mi cuerpo como me parezca». ¡Atención a ese **mi** que declara al cuerpo posesión nuestra! En realidad no puede tener ese valor. No poseemos nuestro cuerpo; no es una maleta que cabe dejar en depósito y recoger. Mi cuerpo es yo mismo, yo soy él, porque, además, la mente humana ha ido siendo creada por el cuerpo en la evolución, y su funcionamiento se realiza por y en el cuerpo. Ambos componentes son más que la cara y la cruz de una moneda, porque aquí la cruz (el cuerpo por lo maltratado) es lo anterior y lo que sustenta la cara, mejor servida por la erudición. En una palabra: las neuronas (leo que 10" es una estimación cuantitativa) son cuerpo.

El cuerpo, además, tiene su vida propia. No independiente de la mente porque, repito, la dicotomía es falsa, pero sí con sensibilidades e impulsos propios. El cuerpo percibe, pues los sentidos son nuestras ventanas y puertas. Reacciona a veces automáticamente anticipándose a la reflexión, y tiene sus dolores, sus júbilos, su instinto y sus emociones, que la mente (del cuerpo) registra, matiza y comparte. Y el cuerpo tiene, por supuesto, necesidades propias, imperiosas indiscutibles.

La cultura clásica era más respetuosa con el cuerpo y la aceptaba, con más naturalidad. Pero la teología católica lo ha rebajado sádicamente: basta considerar, con criterio racional, los desafueros cometidos por la moral católica con una función vital, tan imprescindible como el sexo, rebajándolo a mera productividad de casi rebaño y envenenando el goce naturalmente derivado. Pienso que el miedo a la mujer —ya en el Génesis la mujer que nace segundona y utilitaria es la culpable tentadora, atraída por la serpiente, aliada del mal— (ella también perjudicada) por miedo a la utilidad que encarna, está en el origen de esa actitud que, en general, presenta esta vida como un «valle de lágrimas» para hacer más deseable la otra prometida (e hipotética en mi descreencia), pero dejo el tema al psicoanálisis que espero habrá sentado alguna vez en su diván a la moral católica.

En conclusión, respetémonos respetando al cuerpo. A veces él pide, espontáneamente y por necesidad, descansos o satisfacciones que se le regatean por ambiciones de la vida moderna o por otras razones. Al menos, escuchémonos en él y refugiémonos en su bienestar.

Una observación final, que tiene consecuencias para la vida moderna.

El ser humano pudo ser, durante mucho tiempo, medida de todas las cosas porque éstas llegaban a él sólo a través de sus sentidos, cuyas facultades marcaban, con su alcance, los límites del mundo vivido por el hombre. Pero la técnica ha reforzado gigantescamente el alcance de esos sentidos (telescopios, microscopios, etc.) y el progreso científico ha combinado los nuevos datos en formas e interpretaciones del mundo que podemos entender intelectualmente pero no podemos vivir. Existen radiaciones como las infrarrojas o ultravioletas, que conocemos a través de unos aparatos y que nos afectan, pero que no podemos ver ni tocar. Los griegos tenían al alcance de sus sentidos directamente los cuatro elementos con los que ellos componían el mundo (agua, aire, tierra y fuego), pero nosotros no podemos percibir sensorialmente las partículas subatómicas que forman el mundo realmente, bajo aquellas cuatro apariencias. Sabemos de ellas, pero no podemos vivirlas. El resultado es, en cierto sentido, que el hombre vive en dos mundos a la vez: el mental más elástico y cambiable, y el corporal, más invariable, como el mundo físico. Aunque, recuerdo: la mente es cuerpo y el cuerpo es mente. Son un solo ser: no el jinete y el caballo, tan usados metafóricamente para representarlos sino, rigurosamente, el centauro.

Como resumen ofreceré una metáfora, muy antigua en mi mente y que de pronto me encontré esculpida en piedra. Fue en el verano de 2006 en la villa vizcaína de Plencia, famoso puerto tradicional de cazadores de ballenas. Su escudo heráldico representa un barco velero, visto de popa alejándose del espectador con rumbo hacia una estrella, luciendo arriba, en el cielo del blasón. Yo usé muchas veces ante el público su imagen para explicar que el gobierno de una nave (o de un país o de la vida personal) exigía no sólo saber de velas o máquinas más empuñar bien el timón, sino además tener una estrella que nos guíe en la noche: nunca llegaremos a ella pero sin su inspiración nos perderemos. Yo presentaba la estrella como imagen de la utopía o del ideal, tan movilizadores. Aquí recurro a ese blasón para representar al individuo: la embarcación es el cuerpo, el timonel; la mente y la estrella el espíritu. No está en nosotros pero nos mueve y nos atrae como un imán, aunque más bien avanzamos empujados. Ese espíritu es la chispa de Energía Cósmica que nos da la vida y que nos mueve hacia delante en la evolución. «No es hacia abajo ni hacia atrás la Vida», poetizó Neruda. El espíritu humano es esa Energía manifestándose en nuestra mente.

Terminaré presentando la especie humana como una inmensa flota de embarcaciones en diversas naves y muy diferentes: desde frágiles canoas hasta enormes transatlánticos. Pero las diferencias son pequeñísimas por comparación con la constitución común. Lo demuestra la genética bajo las aparentes variedades y los prejuicios de raza o sociedades o religiones y otras, no tienen sentido. Desgraciadamente siguen condicionando conductas y creando enfrentamientos, pérdidas y desgracias. A la vista de esa situación es inevitable concluir que la Humanidad está lejos aún de la madurez del ser racional. Los que pretenden ser superhombres todavía no son, en general, ni siquiera hombres. La inmensa mayoría no logra llegar a hacerse todo lo que potencialmente podría haber desarrollado en su vida.

Pero el viaje continúa. La especie hacia la Humanidad y cada cual hacia quien es.

LA PALABRA

La situación exclusiva de la especie humana, el salto que nos separa, como más avanzados, de los demás animales es el uso del lenguaje articulado, la palabra. Otros seres disponen de formas de comunicación más o menos limitadas, pero sólo ciertos simios lograron crearse, en su cuerpo y mente, la facultad de hablar, progresando en la ruta de la evolución, cuya ley principal es la de intensificar la complejidad. Paradójica y humorísticamente podría decirse que la ley del progreso biológico es así de sencilla: «Señores, hay que "acomplejarse"». Una ley impuesta por el tirón de la Energía Cósmica (el impulso representado en mi imagen por la estrella guiando al velero). Todo encaja. A ella respondían los simios como responde todo.

La palabra añade a los humanos unos recursos y capacidades, sin precedentes en los demás seres. No es extraño que uno de los evangelios cristianos empiece diciendo que «en el principio fue el Verbo». Eso sería verdad si se tratara del Verbo divino, pero si no se admite esa hipótesis, entonces, en la evolución biológica, lo primero no es la palabra. Por el contrario, aunque origine tantas y tan trascendentales consecuencias, el lenguaje es el final de un largo y difícil proceso creador. Leí hace tiempo la reconstrucción de esa hazaña, hecha por un especialista y recuerdo que el primer paso fue que ciertos simios alcanzaron la bipedestación y empezaron a moverse sólo sobre dos patas. Eso tuvo consecuencias generales para el progreso, al dejar libres las manos y poderlas entrenar en nuevas tareas, pero además permitió variar el ángulo del encuentro del cráneo con la primera vértebra, facilitándose así la formación de una cavidad más bucal y mejor comunicación laríngea con los pulmones. Esas modificaciones anatómicas exigieron la sucesión de generaciones humanas y al mismo tiempo se modificaba la lengua y otros músculos, a la vez que el cerebro iba creándose la capacidad funcional para integrar las nuevas actitudes y coordinarlas. Al fin, tras tiempo e intentos, estalló el asombro al ver que cierto sonido, por ejemplo, atraía siempre la atención del mismo miembro del grupo humano, convirtiéndose quizás en su nombre. Así, o de otro modo, imaginamos la invención del lenguaje, que pronto sugirió el uso de signos asociados a los sonidos o a las ideas habladas, para crear la escritura, que perpetuó el lenguaje y, con él, la acumulación de conocimientos a lo largo de las sucesivas generaciones.

El lenguaje es lo que nos hace humanos, con gran diferencia en el avance. Esa humanización ha tenido consecuencias inmensas que sólo puedo enumerar, para el recuerdo. Sobre el mundo físico exterior la palabra intensificó la más compleja organización social, apuntalando el sentido de entidad definiendo grupos, creando jerarquías e instituciones, permitiendo el desarrollo de proyectos en común, con órdenes, leyes, instrucciones y medios análogos. Es un medio para promover acciones humanas, motivándolas con justificaciones, lemas, eslóganes, etc. Es instrumento de la política, la justicia y todas las actividades, constituyendo la materia esencial de la literatura y las artes expresivas conexas. Y, por supuesto, sin ella no puede ni concebirse el desarrollo científico, ni el de los medios educativos. Su poder llega incluso al de crear en los sujetos deseos y hasta necesidades nuevas, para conveniencia de quienes lo provoquen.

Con eso entramos en el papel definitivo y casi exclusivo de la palabra para construir nuestro mundo mental; el imaginario colectivo y el individual. Sin lenguaje no hay razonamiento ni pensamiento lógico, ni hay más proyección al futuro que sentimientos, como el deseo o la seguridad. Y es con palabras como la imaginación construye las importantísimas creencias, que muchos aceptan como verdades y actúan en consecuencia, como ocurre con la idea del alma, ya comentada. Así se construyen vastas interpretaciones del mundo físico, que nunca podremos conocer bien, y hasta se refuerzan con métodos puramente verbales como los mantras del hinduismo, las oraciones en general, los encantamientos, fórmulas mágicas y los rituales que confirman la fe en los creyentes. El uso del latín en el culto católico, que ahora parece quererse restablecer, es un ejemplo de la importancia que algunos atribuyen al uso de palabras incluso desconocidas por quienes los escuchan al oficiante. En resumen, en la esfera mental la palabra permite interpretaciones diversas del mundo real.

Esto me recuerda una anécdota histórica que conozco por versión directa de un testigo presencial y que se refiere al viaje que Einstein realizó a Madrid en 1923, en plena fama por sus teorías de la relatividad. El ilustre profesor fue recibido con grandes solemnidades académicas entre las cuales por deseo suyo, se incluyó una cena con alumnos universitarios celebrada en la residencia de estudiantes. Allí, en una mesa presidencial, acompañado por el rector de la universidad y profesores, se sentaron también varios estudiantes seleccionados. Uno de ellos tuvo un sitio a la izquierda de Einstein por su facilidad para los idiomas. Con el tiempo llegó a ser escritor teatral y llegó a tener fama en el género humorístico con el seudónimo de Tono, cubriendo su nombre de Antonio Lara. El hecho fue que sorprendió a todo el mundo por el fluido diálogo con Einstein, que participaba encantado, pues el estudiante se dedicaba precisamente a la física. A la salida un compañero suyo, que estuvo presente y años después me relató el suceso, le preguntó: «Pero, Tono, ¿de qué has hablado tanto con Einstein?». «De muchas cosas, estamos muy de acuerdo.» «¿En qué?» «Pues en que todo es relativo», sentenció Tono. Hoy le condenarían los absolutistas.

El elogio de la palabra se ha hecho muy bien y muchas veces —recuerdo ahora el del poeta Joan Maragall— y no necesito insistir. El lenguaje da al ser humano sus alas más poderosas para acercarse a la estrella con las cumbres de la poesía lírica y la mística. Por la palabra podemos salvarnos y con ella dialogamos, sobre todo en el hablar consigo mismo durante el viaje de la vida. No añado más, pero quiero insistir en algo menos percibido que es el reverso de la medalla. Porque el lenguaje, siendo esas alas, también es cárcel pues condiciona nuestro pensamiento y encarrila fácilmente nuestro entendimiento, descarrilándolo también. El lenguaje con frecuencia es una trampa; se usa para engañar y persuadir con falsedades o encadenar con creencias. A veces se usa así con deliberada maldad egoísta; otras veces se hace hasta con buena intención, por alguien que está él mismo engañado. El caso es que la palabra, como los alimentos desconocidos o nuevos, debe ser recibida con criterio crítico pues puede ser un bálsamo o un veneno.

Finalmente: no sólo hay que reivindicar siempre el derecho a la palabra, como máxima expresión de nuestra humanidad. Pero también —y a esto se falta muchas veces— hay que cumplir el deber de usarla en pro de la dignidad propia o ajena. Pues, como proclamó magistralmente Martin Luther King, hay una conducta más escandalosa que la de los malvados y es el silencio de los hombres «buenos» que callan y miran para otro lado sin protestar de las maldades.

JOSÉ LUIS SAMPEDRO

El lago de Alhama de Aragón que acogería el MUSA.

Los ríos Olga y José Luis confluyen en Alhama de Aragón.

«Muchas gracias por el sombrero», en la terraza del casino del Balneario.

Las aguas fluyen plácidamente hacia el MUSA.

El sudoku obligado antes de iniciar el trabajo.

Sampedro en su Sala de Espera natural, La Cala de Míjas.

Pese a su seriedad en el trabajo, José Luis Sampedro
nunca perdió el sentido lúdico de la vida.

«Escribir es vivir.»

«La escritura “por destilaciones sucesivas”.»

Mucho se ha trabajado a orillas del Jalón.

Segunda, tercera, cuarta… enésima versión.

Sala de Espera activa en La Cala de Míjas.

APÉNDICE

APÉNDICE I

Y COMPLEMENTOS MENORES

RELATO A OLGA

Supercomplemento completo, al 31-XII-12

FE/RAZON → Mente
SENTIMIENTO } CUERPO
VOLITIVO/AFECTIVO

25-XII. Recitado a Olga con proyecto de mi última clase

¿Título? LA NOV-EDAD (500 años después) – NEOMUNDO (1)
Teatro Mundo: Arriba el telón – nuevo programa

1914: Tercer Mundo. – Tras lucha clases (que sigue) es igual la de gobiernos
s. XX: Rival US/URSS. Tras fin burgués. D's capitalismos
Comparar novedades con las de s. XV
Final: Cae muro, cae URSS. – Fin H.ª – USA Supremo
2001: Torres NY, lucha contra terrorismo, Irak, fracaso USA Desarrollo
emergen BRIC

Digital. Einstein.
Wiener. Informat.
BRIC

El $
1500: $ razon.
Avanza, pero Calvino, $
$ contable, comercio, colonias
1776 Mercado: Cap. Com.ᶜ → Indus.
2000: Cº industrial, financiero

Resistencia a) fin cap financiero
Globalización. Poder pol.º

Crisis 2008: lucha clases bajo el poder financiero
b) en España: Contrarreforma
c) Sdad: Cambio estructura y proyectos. Migraciones
D) Desarrollo INsostenible
Progreso científico: Resuelve cognitivo, pero no lo afectivo: Brechas sociales
→ ¿Vida?
Desendiosarse / Humanidad

Religión y lenguaje:
Dios, alma, desnaturalizarse, patria imaginaria individuos manejables

Religión y Dº, Religión divisora
Religión e Iglesia (poder político)
Fieles minoría, aunque mayoría declara, Indiferencia, falso problema

Cuerpo piensa – Cerebro
Neurona escribe (?)

26-XII-12

MI CLASE

2

E. Media: Unión restos. Latín. Cristiano. Cisma Griego. Cisma Autono.
(Capº agrario) Islam. Cruzadas. M. Polo. Turcos en Egeo. Bizancio Turco
Crece humano. Id economía. Id. ciencias. América
Fin referente Dios por $ y por razón: Intereses y valores.

TELON – NUEVA ERA (OBRA)

E. Moderna: { Humanismo, Razón, Ideales. Crece hasta 1789. – Mutación – Apogeo XVIII
XVII Mer Dinero lícito, capitalismo, Intereses. Crece: Vence desde 1776
Mercan. Ciencia experimental: Razón y MERCA técnica. Poder hacer crece
XVIII Alumbra vapor, química, electromagº, biología, prehistoria
USA. Fabricas, lucha de clases (ideologías de Revº). Colonias

5 Ver XIX Capitalismo industrial. Mutación. – Positivismo, Materialismo
Libertad sobrevive en ROMANTICISMO (y lucha clases) 1848 Indepª Indias. Imperio UK. Europa en Asia y Africa
Mundo burgués europeo. 1900: Nueva física
XX — 1900 — Capº financiero Mutación.
1914: Fin mundo burgués. 1ª WWar – Comunismo y URSS
Fascismos. Depresión. Mutación
1939: 2ª W.War. Rivalidad USA/URSS. – Nueva Asia inicia.
{ Revolucion Einstein. – Culturas vanguardias.
Cibernética etc. – Capº inmobiliario y especulativo. Dº Económico
Intereses > Valores. Corrupción. Fin una cultura West
1989/s (?) Fin Muro y URSS. – Decadencia catolicismo
2001 Torres: N.York. – 2008: Crisis financiera } TELON

CAMBIO DE OBRA

(Perspectiva: Ciencia, pero no todo es medible → Vida: sentimiento + razón

---

* Anejos PM

RECTIFICAR

HOMBRE animal sin conciencia de ello. – Ni alma inmortal. Lenguaje
{ COSMOS = Σ ∞ mundos = escenarios y actores
Interdependencia global, pero elección de grupos/mundos = libertad
Hombre = CUERPO (materia ≈ energía) elaboración Cerebro y este la MENTE
Hay algo más: ESPÍRITU = Chispa energía/vida
CUERPO con vida propia. Sentir y percibir, primero..
más realista que la mente. Creencias suyas.
MENS agitat molem (?)
VERDAD vital: Lo que uno cree
HISTORIA: Evolución en (de) la Intraevolución global del Cosmos
Su protagonista se creerá actor: Es comparsa del Todo

DOMINIO:
Educar, Ley, Corrupción ...

28-XII-12

a)

RECITADO A OLGA: EXPANSION

3

DOS MITADES EN UN SOLO COSMOS: FE/RAZON

SECTORES: COGNITIVO (Razon, Fe) MATERIA REPRESENTACION. - MENTE

Energía Espíritu { VOLITIVO (Fe, Razon) CEREBRO, CUERPO Id.

AFECTIVO, SENSUAL (Fe, Razon), CUERPO, CEREBRO, Id.

FE: Verdades eternas, creencias + ACCION. Intenciones (Dios, hombre)
♀ Mundo desarrolla un programa creación. Dios como con Logos. ¿creacionismo? - El TIEMPO. - Está siendo. Proceso
Afectividad regulada.
Hombre instrumento del fin

RAZON: Hipotesis, creencias. Comprensión, contemplación, introspección. VIDA
♂ Mundo. Es en cada instante pero en a punto de cambio
Constante recombinación sin fin último, según afinidades o rechazos.
VIDA teje y desteje imperturbable. Comienza acabando y ∞

20 Hombre: coactor. Vividor de sí mismo o en vano. Pero es igual para el K.

Si el mundo de Fe no alcanza objetivo, fracasa por falso. Pero está en la vida del K. - Vida admite y aprovecha las derrotas

Si una novedad (?) vital se frustra es igual: es así. No fracasa.
La Vida es el Ser del K: incluye Razon y Fe.

La Historia, voluntarista, es la evolución de la especie humana, que cree dirigirla, según muchos.

28-XII-12

b)

VUELVE AL RECITADO TRAS EXPANSION

Biología evoluciona con el medio o perece. Acciones en gran parte reacciones (total en materia física)

El lenguaje: cambio profundo. Emerge el hombre

Escritura en la caverna — La decoración se cubre de palabras. Lo que ven los ojos y lo que nos dejamos (y afirmamos) ver. Representación mayor

Nos envuelve como piel. Mudable como ropa dentro de convenciones y el acuerdo común

Niveles: En cosas, comprobable la certeza

En culturales (y resto, por los valores y no medidas) el lenguaje deja creencias, hipótesis, opiniones

En esfera ideal, no hay límite. Incluso la razón es discutida. Empiezan religiones e ideologías, incluyendo relación con el medio ambiente

Cinco mil años después:

VER FOLIO 5 y continúa con lo siguiente

Aun contando multiplicidad, versatilidad, aceleración indudable (lengua con nuevos medios: informática) Abuelos comparan infancia

Ejemplos de incongruencia: amor a paz (conf^s, ~~[illegible]~~ etc) y guerra/armas

Distinguir casos errores de **BARBARIE**

Amor prójimo pero mas $ FMI a bancos que Somalia. Solidario

Contra ciencia ec^a: Descontrol mercados, pero banqueros sin riesgo: las perdidas al publico.

Justicia, pero tasas, — ~~Dchos~~

Dchos inf^s: Irak, Bin Laden

Racionalidad recursos: Destrozos M Ambiente.

Estructura internal^s: Amigos con nuclear, Iran y Corea N no. — Doble rasero Israel

Globalización, solo E^s

Etica, justicia. — 20% ricos sobre 80% pobres

Dignidad humana: Corrupción generalizada

Dchos humanos: Igualdad: Trato a la mujer, inmigrante, ~~[illegible]~~ Dchos humanos

Libertad: Regímenes autocráticos, oligárquicos, sin respeto pueblo

Respeto Vida humana. Seguir

↓

No es orden que no conocemos (racionalidad oculta, la Vida no la exige)

Es inconsistencia, conflicto interno, incoherencia a)

No es infracción de reglas sino desprecio de reglas.

VALORES (E Media, s. XVII, XVIII 2.) SUSTITUIDOS POR INTERESES

"Lo bueno para G.M. es bueno para USA" (Calvino → Smith)

Y a lo largo todo el proceso, persisten y crean: Cognitivo/Volitivo contra Afectivo/Sensual

↑Razon Cuerpo↑ ↑Cuerpo↑

b) Alienación hombre de M AMBIENTE D. INSOSTENIBLE

SIGUE FOLIO 6

4

28-XII-12

(5)

c)
5000 años: ¿Se puede porque de ~~otra~~ escritura esperada mas orden
Pero orden que no comprendemos (conocemos) (O NINGUNO) Con permiso de Poincaré ←
{Evolución natural también saltos;
Vida variedad sujeto y culturas. Pero solo sobreviven si:
a) Cohesión interna b) viable con el entorno
2000, de a) poco; de b) menos.

Tipos de cambios

S ~~[illegible]~~, sobre todo por camino nuevo
Metamorfosis, edades, Europa, Ayuzo
~~[illegible]~~ ↘ ← estamos aquí. Justificar

MATIZAR

Hablar lenguaje indispensable porque lo de ahora es libertinaje lingüístico por todos (o mal) control lenguaje (3er nivel) así como desregulación y de mercados en economía, y el de afectivo (ideologías, religión) la vida cotidiana y toda ella

Ver (2)

libertad Al atina
Fue España
(Trafalgar)

1917 Incoherencia
Todo XIX prepara
Cambio entorno S. XX

SUPLEMENTO A S. XIX (en (2))

Recupera despotismo moderado. Libertad romántica compensa
1848 estallido y represión. Compensar colonias y ciencia: tren etc
Ciencia y imperialismo (África, Asia Central) comercio world: Rivales.
1914: Fin burgués. Inesperado: URSS ~~[illegible]~~ con Rusia un falso moderno y medio siervos agrarios. Lo más débil. Francia cede
Siglo XX Alemania cree unir contra URSS (2)
1968... 1989, 9?, Fin URSS. — Catarata descalabro: 2001/2002

28-XII-12

d) RELATO A OLGA. VIENE DE FOLIO (4)

(6)

A lo largo de Evolución (H?) dos constantes

a) Expansión productiva acelerada (impulso intereses y $) frente a estanco o degradación (quizás deformación) afectiva

Mas mismo (técnica) — CIENCIA (rentabilidad)

b) Desvaloración creciente del entorno salvo como explotable. Hombre es el dueño y con derecho a todo

Menos naturaleza

[Seguir con técnica y religión. Quizás en a) con relaciones familia y otras.]

SEGUIR: Hasta s. XXI la incoherencia. Desde s XXI el ENTORNO: NUEVO RENACIMIENTO

29-XII-12

Dos constantes:

a) Dº voluntarista, llamado sostenible: progreso técnico, expansión productiva, alienación creciente de la Naturaleza. Destruye M.A.

b) Persistencia Humanidad dividida conflictos ideológico-económicos, reavivados por emergencia nueva estructura

OJO! → En este aspecto Religión decisiva: alma, inmortal, amo Tierra, derecho y poder técnico de destruir: Dº INSOSTENIBLE

En 2000 los financieros acorralados en su globalización especulativa. No perciben que es nueva Edad histórica aunque hablen ya de post moderno en otros campos (vanguardias)

Es en el Gran Teatro obra diferente, otro decorado (Cosmos, Internet etc) y otros actores con otros medios de acción:

* Es un Segundo Renacimiento: Subraya el paralelismo de las innovaciones en s. XX como las del s. XV.

a) (Seguir con programa de libro

b)

APÉNDICE II

EL RAYO VERDE

(Descreencias. Para entender lo demás)

A...
OLGA
J.L.S.

Benalmádena 3-3-2008

Benª. 3-3-08

1

Protoíndice

Pagª

0. EL RAYO VERDE

Las ultimas claridades que veo, solamente al fin de mi vida, como el verde que el sol muestra únicamente al fin del día, en su ocaso. Lo que la Vida me revela, sólo al fin de mi vida.

Quizas queden patentes ignorancia y errores. Disculpas porque...

Soy inmigrante sin retorno. España 1935 (Aranjuez) (Madrid) (Vida y trabajo)
Además, no integrado. Como hombre antes fin Eleusis + Asia
Como escritor, decimonónico y mecanógrafo. ¿Sin papeles?

Sala de Espera: Pag 1/Sta Fe ②

Individuo: Externamente variable. Decenios en pª 2/Sta Fe. Además
1959 (Leisa) 1968 (Bryn Mawr) 1969/71 (UK) 1984 (Jubⁿ) 1990 (Acadº) 1995 (Sinai)

Economista BC 1º necesidades → determinan producción. – No neuroeconomía

El Rayo Verde solar dura poco. Mi texto tambien. Lapidario, si puedo
Mis etapas: Niño (1917/30: Paraiso: C.Agua / Medievo: Ciruela) Joven (1931/4/5?: Aranjuez, s. XVIII)
Guerra (1936/9) Inmigrante sometido (1939/43) Disidente en catacumba (1944/68)
Militante (69/2001) Entre los bárbaros (2002 →)

DESCREENCIAS por esfuerzo personal. Creencias tragadas fácil.

Benª 14-3-08

1 EL SER HUMANO

① Chispa en la Hoguera (Fogata) Cósmica. Pensante. (Pagª 1/Sta Fe)(2 id) Hablante
Molécula del ser global: Gea, Panteísmo, ¿Onda y corpúsculo?

2 ② Plencia Hombre y Cometa: Cuerpo + Mente (manos) + Espíritu (Viento) / Punta de evolución
Neuronas: 10^{11} Infinitésimo.
SIMURGH: Todos somos sus pajaritos, como células o Neuronas
No solo razón: Contemplar (más que meditar/cavilar) y racionalizar. Visión

③ Mente dentro p.11 MI CUERPO: ojo al mi no posesivo. Error Cuerpo y Alma. Mente es cuerpo. Espíritu de ... (Contexto Medida. Sentidos = Filtro)
Barbarie. Ahora no se respetan ni las formas. 1914/18/5 - Vista por Grosz etc
Mussolini (Etiopía) Hitler, Stalin, S Africa, Bush
Positiva y creadora (s. V/IX). Descencondos (HL Mencken)
Pasa a pª 11

PLENCIA, Ulasón: Cuerpo (barco) Mente (Timonel) Espíritu (Estrella "polar")
Creación de la Vida, aprendiz del vivir

④ HABLANTE → Pensante. Neuronas
↕
MENTE
Alma, no. Inmadurez, tiempos míticos

CUERPO

LIBERTAD, Conducta. - PROGRAMAS, PREJUICIOS, CREENCIAS
Razas

2. LA PALABRA, Lenguaje

Básico: en p. 8 de Sta Fe. Crea y Descarría Ala y Cárcel

Fuente de creencias/Imaginaciones → "alma" → Hombre ser aparte: Rey. → Crear su mundo

Mi psicología, Freud inventa lo que "descubre". Todos interpretan(mos)

Todo es relativo (Tono).- Endiosadora: Crea dioses y Hombre-Rey

Del texto de Santa Fe Menos viajar y mas leer la prensa.

(1) Creación de cuerpo y mente. ¿En el principio era el Verbo?, NO (1)

(2) Esfuerzo creador. (3) Mundo mental influido por (y en) el físico

(4) En marcha - Con la imagen - Con el mundo físico

Relación con imagen.

Con el mundo físico: Ilusión de independencia, Estrellarse contra él. El desarrollo

Con el mundo mental: lo razonable y el delirio

El Verbo

Ley evolución: > Complejidad.- Simio, con la estrella al fondo (chispa) asombro, Sapiens.

Esfuerzo: De piel, etc.

a) Resultado: a) Acciones exteriores. b) Mundo mental. "Con experiencia" o sin

a) Acciones: Órdenes, Proyectos, Motivaciones. Eslóganes.
Crea deseos (Garaje). Innovaciones, Necesidades.
Identidad: Define grupo, jerarquías, social
~~Creación~~ Luego: Colonizadora, dominante

PENSAR RAZÓN b) Creencias, Fantasías, ALMA
Magia y ritos: latín. Eslóganes, Mantras

INTERPRETAR REALIDAD.- FREUD
TODO ES RELATIVO (TONO)

Escritura: Dogmas
IMAGEN, Símbolo.

Positiva: Alas, Litª, Estímulo. Diálogo y conmigo.

Negativa: Ocultar realidad (Velo de Maya),
Condicionar pensamiento
Alimentar egocentrismo de la especie,- Alentar errores. Sustituir estrella por un SIMULACRO

14-3-08

3. LOS MUNDOS

Básico: Pº 3/Sta Fe, – Velo de Maya (India) Vacío y energía (China, Física

Kaleidoscopio Laplace Niveles de observación (interpretación)

Niveles: la mesa subatómica. Nivel sensible (homo) → Astral

Haushofer s/. Mackinder. Hitler via Rudolf Hess

Realidad incognoscible. Ciegos y elefante en Mathnawi de Rumi

Cada uno suyo. Pero común porque buffet y creencias con que se elige e interpret

Energía: Se estructura: materia, id. viva, hombre, mente

* VACIO Y ENERGIA: Frente a pº 1 del texto Santa Fe

4. LAS CREENCIAS. Verdades

Niveles de observación

Creencias, Prejuicios. Programaciones.. Corporales (realidad plej) mentales (   )

7

S. EL ALMA. Religiones

6. LA JUSTICIA. Las leyes. El poder

Poder: Tener derecho vs tener potencia (El banquero Morgan)

"Líderes" autocreídos. Como a Quevedo le "seguían" mujeres (Cab.º de la Tenaza

7. EL MERCADO

8. EL DESARROLLO. Evolución, progreso

El tren eterno por Manuel de la Revilla (185...) Truman 1949 (1)

Inmigración: Ayuda al D° (Auto.ª) por los pobres. Coger lo suyo

Consumismo / INNOVACION / MAmbiente

"Hay para todos... los que estamos aquí" (Ministros). Por eso se sigue destruyendo MA

Chiste Franco: "Hay de todo para los que estamos aquí".

\ 11

9: OCCIDENTE.

Época bárbara.– Tras el héroe, sabio, santo, artista, científico, financiero

En s. XVI, aparte $, otros valores: Dios, honor, sangre, proeza

Barbarie. No respetar formas. Bárbaros s. XX. Portiva (Ver pag.ª 3)

Entreguerras 18/39.– a) Humillación de Alemania: Young. Davies, Renania (futuro Hitler)

b) Alegría inconsciente de inmaduros USA (crisis 29) c) URSS

Democracia falseada: Oligarquía mediática, plutocrática.

S. XVIII: Cop.º + Newton/Laplace || Fisiócratas → Smith/$ || Libertinos (Mettrie etc) sensualidad + razón Filósofos (Encyc) Kant & ...

Fin mundo Occte Mercator burgués: 1914/8 (Hobsbawm). En España 1936 (guerra colonial ...)

Paracelso (natura parendo vincitur)

Globalización (vista por Marx: Hobsbawm), pero parcial y con muros y multipaíses Kosovo

Predatorio vs. Oriente. Reyes en batallas: Carlos I, Francisco I

{ Siglos: XV (Descubrir) XVI (Reforma) XVII (Spain) XVIII (Fr.) XIX (UK) colonias XX (USA)

{ De aventura a Miedo inseguridad ("Seguridad" sin libertad)

Aben Jaldún.– Ruinas de Itálica.

Muerta porque vivió. ~~Sirvió~~ a la Vida. Fue Vida.

HISTORIA: Folios letrados (G)

12

10: CIENCIA, Técnica, Razón.

En la claridad absoluta no se ve nada (Hegel). Deslumbrar vs. Iluminar

Dos polos: Nanotecnia/Astrofísica.

11: PENSAMIENTO. Sabiduría

USA pragmático (I can do it). Quizas llegó tarde a época filosofía (XVIII/XIX)

Ej. Oriente Lux.– Shiva (crea y destruye) como la Vida

Pedestales mediáticos

Mas (de lo mismo) Records en vez de aventuras

Dignidad del vencido. El gladiador herido.

12. ECONOMIA.- Dinero. Homo Œ. Ver "Mercado"

14

De cuando agua y aire eran autorrenovables

De cuando se necesidades determinaban la producción a cuando es al revés

De cuando Bentham/H. Œc a neuroeconomía con teoria de los juego (Norbert Wiener)

Motivaciones
- mente (palabras, representación)
- cuerpo (realidad)

15

13. SOCIEDAD

Simurgh

APÉNDICE III

REVISTA LITERARIA

UNO

Santander

Me gusta la Revista literaria. Por lo que en ella hay de esfuerzo diario, de afán constante. El ímpetu se hace cotidiano.

Pero Revista es continuidad Y continuidad, acierto. Haz ese gesto, lector, y saldrá el número dos. O este ascenderá a único.

Unos seudónimos -yo solo conmigo- te saludan.

Ningún propósito. O sueños, o realidades. Proyectos, no.

El que no tiene nombre, por

= Danys Harnem =

Traducción y notas.

de

José Luis Sampedro.

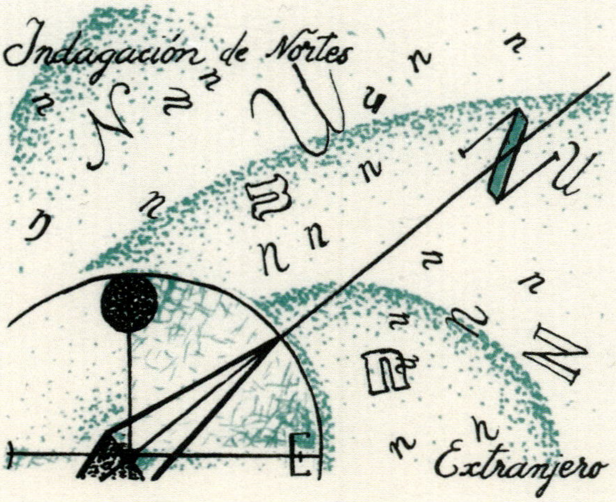

UNO

Personajes

Hablan:

Tamatoa: Hechicero
Tunoo: Rey
Tahimaha: Doncella
Una mujer
Roroa: jefe
Mahoi: loco
Y la Voz Unica de los Hombres.

No hablan:

El que no tiene nombre.
La gran selva.
Una mujer.
Tres doncellas.
Dos jefes.

Cuadro I

En una isla polinésica, un claro entre las palmeras cercanas a la playa. Al fondo, el pórtico de la casa del rey Tunoo. Columnas de madera cubiertas de extraños dibujos policromados sustentan un alto techo de fibras vegetales. Mas allá se adivinan las crestas azules de los montes volcánicos, y en la ladera, la masa verde y única de la Gran Selva.

En el pórtico, el rey Tunoo, sentado en un trono. De pié a su lado están Tamatoa y Roroa con otros dos jefes. En el llano emplazado delante de la cabaña, de espaldas al público y sentados con las piernas cruzadas, los Hombres.

Tamatoa.- ¡Hombres! ¡Mañana es la Gran Luna! ¡La Luna de las flores blancas! Cuatro doncellas de la isla entrarán en la Gran Selva. En la Selva de donde nunca se ~~~~ vuelve. El que no tiene nombre estará contento.

Nuestros hombres son fuertes. Tunoo, el rey, es fuerte. Hace cinco lunas que vino de la otra isla con un presagio de muerte, en una canoa empujada por el cadáver de su amigo. El mató al viejo rey. (Dirigiéndose al rey). Tú eres, rey, el más fuerte. Pero El que no tiene nombre es el más fuerte. Has de ofrendarle las cuatro doncellas al dios.

UNO

Danys Harnem

El que no tiene nombre

Obsesión en tres cuadros=

...Tuitupapau: Rogar a un muerto que
no vuelva

...Tohureva: Presagio de muerte

...ARI: Profundidad, vacío; ola de mar.

(Palabras tahitianas del diccionario de los hermanos Picpus)

= HERALDO =

José Luis Sampedro

Danys Harnem es un holandés naturalizado en Francia.

Un holandés puede ser traficante en naturaleza o conquistador de fondo de mar. Porque ese viento entre jarcias que mueve todos los molinos holandeses es el aliento de un formidable conquistador de Zuyderzees.

En el fondo, las dos cosas eran lo mismo. El conquistador trocaba un jardín de anémonas en primera materia verde. El holandés conquistador era como de litorales nada más.

Un día se cruzaron con una raza que conquistaba la tierra con el único fin de sustentar en ella escalas celestiales. Una raza que conquistaba cielos por el haz de la tierra y el envés del espíritu.

Y quizá fué entonces cuando un viento de océanos sustituyó al viento de canales en las velas holandesas. Y algunos partieron, buscando fondos abisales. Y recorrieron todos los mares del globo. Y empezaron a sentirse cautivados por un espacio lejano, sin tercera dimensión, en el que flotaban islas de ensueño, como orquídeas indecisas. Ellos las miraban y las admiraban dejándolas, sin cortarlas. Hasta que un traficante en naturaleza que por error fué con ellos se las llevó en un mapa con fronteras.

Danys Harnem ha sentido también la atracción del rumor de la resaca en barreras de coral. Una caracola le cantaba al oído ecos del mar del Sur. Naturalizado en Francia ha sido maestro en Tahití. Y él mismo cuenta -me contó una vez- como fué expulsado cuando se comprobó que no quería enseñar gramática a los niños isleños. (Aunque yo no sé si este hecho naceria en el fondo de una botella que salvaba entre los dos el espacio de la mesa).

Danys Harnem llevará toda su vida, en el más profundo repliegue de la cartera, su estancia en Tahití. De él se espera siempre que nos cuente como mató al gran cacique y conquistó ese bastón de madera negra invisible que lleva siempre.

Es un joven, mas joven todavía por que es inédito. Siempre se le encuentra, en torno a una de las mesas octógonas del "Vauclase", con otros nombres intactos: Jean Pierre Restaing, Tisserot, Vienne, Paul Leste... Y la musa de todos, Germaine Rollin. Y todos ellos acusan en su profundidad esa voz lejana y primitiva de Danys Harnem.

Y todos ellos son, por ahora, nada mas que lo que serán. Es decir, todo. Heraldos de sí mismos. Toda una vida en posibilidades.

—

"El que no tiene nombre" es una obra de "allí". Allí, en Danys Harnem, es siempre las islas del mar del Sur. No la enjuiciamos. La entregamos a un horizonte de opiniones. Sí solo lo que nos dijo el propio Harnem:

"Supongamos que esta obra se representase alguna vez en función de gala. Si yo no consiguiese con ella que un espectador inteligente se olvidase de su frac y se uniese inconscientemente a la Voz Única de los Hombres, me consideraría fracasado".

—

Y nada más que esto. Ya he dicho que es inédito. Y casi es... (¿cuándo se adoptará ese calificativo a un escritor que todavía no ha escrito?)...

Pero cuando le vi en París me leyó el primer acto de la obra, también teatral, que escribía entonces: "Días en blanco". En un ambiente moderno, había situado una profundidad idéntica a la de "El que no tiene nombre".

Y nada más. Aquí queda esta Sesión, indagando Nortes con brújula auténtica.

—

Hombres.- Debemos sacrificarle las cuatro doncellas. El que no tiene nombre es el mas fuerte.

Tunoo.- (Levantándose). Esta isla es mía. Vosotros sois míos. Yo soy el rey que mató al viejo rey. Traed las cuatro doncellas. Yo las ofreceré al que no tiene nombre.

(Entran Tahimaa y tres doncellas conducidas por dos mujeres. Todos les dejan paso libre evitando tocarlas).

Hombres.- ¡Tabú!

(Desde que entró Tahimaa, Tunoo la mira)

Tamatoa.- Rey, las palabras de la Gran Selva están ya en tu boca.

Tunoo.- (Sin hacerle caso se dirige a las cuatro elegidas que retroceden). Dime, ¿Cuál es tu alma?

Tahimaa.- Soy tabú, rey

Tunoo.- Pero antes ¿cual era tu alma?

Tahimaa.- Soy tabú, rey.

(Pausa breve)

Una mujer.- (sonriendo). Antes se llamaba Tahimaa, rey.

Tamatoa.- ¡Calla, mujer!

Hombres.- Es tabú, rey. Es del que no tiene nombre.

Tunoo.- (rápido). Quiero esta mujer.

(Avanza hacia ellas. Tamatoa se interpone).

¡Paso!

Tamatoa.- No lo hagas rey, es tabú.

Hombres.- Es tabú. La mirada siniestra de la Gran Selva nos matará. Es tabú.

(Tunoo vuelve lento al trono. De pronto se vuelve)

Tunoo.- ¡Hombres! ¿Cuando el viejo rey tenía un solo cuerpo para su alma, ¿no era protegido por El que no tiene nombre?

Hombres.- Sí. El que no tiene nombre protegía a nuestro viejo rey.

Tunoo.- ¿No maté yo al viejo rey?

Hombres.- Sí, tú mataste al viejo rey.

Tunoo.- Yo soy Tunoo. Yo soy fuerte. Quiero esta mujer.

Hombres.- (Tras una pausa). Es tabú. La palabra sagrada de la Gran Selva nos matará. Es tabú.

Tamatoa.- Tu tienes alma, rey. Si yo grito Tunoo entre las palmeras de la orilla, entre las canoas, entre las casas, tú vienes. Nadie viene sino tú. Yo puedo llamarte.

Pero él no tiene alma. Si llegamos a los primeros árboles de la Gran Selva, al borde de la inmensa noche verde de la que no se vuelve, no podemos hablar. No podemos hacerle venir. Es El que no tiene nombre.

Hombres.- El que no tiene nombre es el mas fuerte.

Tunoo.- (Tras una pausa). ¡Hombres!. Yo soy fuerte. Yo tengo la Gran Magia.

Tamatoa.- ¿Cual es, rey?

Tunoo.- (Lentamente): Yo sé Su nombre.

(Pausa)

Hombres.- Sabe Su nombre
Es dios
No, no es dios
Pero sabe su nombre.

Tamatoa.- No es posible, rey. Nadie puede saber su nombre.

Tunoo.- (Lentamente). Yo lo sé. (Cambiando de voz). ¡Quiero esa mujer!

Tamatoa.- Dinos como lo has sabido, rey.

Tunoo.- ¡Quiero esa mujer! (cambiando otra vez). ¡Hombres! Me lo dijo Mahoi, el loro de la montaña.

Hombres.- Es verdad.
El loro tampoco tiene alma.
Es el único que puede volver de la Gran Selva.
Se lo ha dicho a Tunoo
Es verdad

Tunoo.- ¡Hombres! Yo sé su nombre ¡Quiero esa mujer! Puedo decir su nombre.

Tamatoa.- No lo digas, rey

Hombres.- Si oímos el alma del que no tiene nombre, moriremos
No la pronuncies, rey. Tu eres fuerte. Tabú

Tamatoa.- Eres tabú, rey.

(Tunoo avanza hasta Tahimaa y queda mirándola en silencio. Ella se quita la corona y el collar de flores blancas y los entrega a una de las tres doncellas. Es conducida por Tunoo hasta el trono a cuyo lado ses sienta, sobre el escalón del pórtico.)

(Tamatoa ofrece silenciosamente al rey un bastón de negra madera labrada. El rey lo alza en sus dos manos, en el rito de la ofrenda)

Tunoo.- ¡Hombres! Mañana es la Gran Luna. La luna de

las flores blancas. Tres doncellas de la isla entrarán en la Gran Selva. En la Selva de donde nunca se vuelve. El que no tiene nombre estará contento. Yo le ofrezco las tres doncellas. Yo soy Fumoo, yo soy fuerte...

(El telón ha empezado a bajar durante estas últimas palabras. Al terminar Fumoo, el telón oculta ya la mayor parte del escenario, dejando únicamente visibles el grupo de los Hombres, sentados en primer término. Fumoo dice ya sus últimas palabras sin ser visto).

Hombres.- (Muy débilmente)... El que no tiene nombre es el más fuerte.

=TELON=

El papel utilizado para la impresión de este libro
ha sido fabricado a partir de madera
procedente de bosques y plantaciones
gestionados con los más altos estándares ambientales,
garantizando una explotación de los recursos
sostenible con el medio ambiente
y beneficiosa para las personas.
Por este motivo, Greenpeace acredita que
este libro cumple los requisitos ambientales y sociales
necesarios para ser considerado
un libro «amigo de los bosques».
El proyecto «Libros amigos de los bosques» promueve
la conservación y el uso sostenible de los bosques,
en especial de los Bosques Primarios,
los últimos bosques vírgenes del planeta.

Papel certificado por el Forest Stewardship Council®

FSC
www.fsc.org
MIXTO
Papel procedente de
fuentes responsables
FSC® C117695

11-II-13
2

(Viene de Arg 1)

ARGOMENTARIO (2)

¿Es único el hombre? Sí. Por dos explicaciones diferentes.
¿luego? ¿(La disyuntiva originado por el lenguaje, atributo único humano, exclusivo, como se verá)?

C

B) HOMBRE ENDIOSADO: Resulta de fe/creencia religiosa, tan inoculada a todos que esta explicación es idea común, incluso a pesar de la mediocre o nula religiosidad de los cristianos, sin vida espiritual pero usos sociales.

La fe enseña origen H. en la Biblia: CONTAR/GENESIS

– EL ALMA hace a H semidiós, ea parte inmortal a salvo de entropía ley del mundo. Rey creación, T para él. Para que pueda "servir a Dios y adorarle etc y gozarle otra". Derecho a disponer del mundo, a rechazar el puesto que le dejan los demás componentes y a transformarlo. A esto contribuye la constante mayor ciencia y poder técnico. Si se tiene derecho a cambiar la circunstancia y, en gran medida, poder de hacerlo, ¿por qué no? Esto explica este tipo de D.º que llaman sostenible, aunque sea injusto con los (desposeídos) y destructivo para Naturaleza y sus seres vivos.

Jinete

Todo lo justifica de la voluntad de Dios, tan predilecto del hombre que envió a cruel muerte a su hijo para redención. Y esa voluntad no la repiten y exigen las iglesias, intérpretes y admisores en el Mundo. Incluso el D.º y/o guerra con otros hombres, la segunda pera [illegible] junto a producción. Los filósofos, científicos etc, que veremos en (C) no capaces de inculcar convivencia, conferencias de paz con grandes inventores y vendedores de armas, ni tampoco "amor al prójimo" con hogueras.

D/S (Eso explica rechazo de puesto recibido y transformación "insostenible")

(C) HOMBRE HUMANIZADO.– (B) no vale para guiado por razón y no por fe (creencias). El relato del Génesis produce risa, inaceptable, y asombroso que se haya creído. Verdadero milagro de ese "delirio colectivo" Freud

D

neurosis

El origen del hombre producto de evolución natural que transforma un grupo de simios en homínidos, primero, transición hacia género HOMO y en ese proceso este se construye por la propia especie lo que sí hace al hombre único y diferente del resto Mundo: el lenguaje. La palabra y sus símbolos en la escritura. Esa es la explicación científica de singularidad Homo.

Seguir con LENGUAJE.– Extraordinario. Disonancia en Evolución